# La herencia

Raquel Hernández de Escobar

Illustrated by George Armstrong

National Textbook Company
NTC a division of NTC *Publishing Group* • Lincolnwood, Illinois USA

Published by National Textbook Company, a division of NTC Publishing Group.
© 1995, by NTC Publishing Group, 4255 West Touhy Avenue,
Lincolnwood (Chicago), Illinois 60646-1975 U.S.A.
Manufactured in the United States of America.

4 5 6 7 8 9 ML 9 8 7 6 5 4 3 2 1

# Preface

Javier Solano and his best friend, Enrique Pereda, start out from their home in Mexico on the adventure of a lifetime. Javier has just inherited one hundred thousand dollars from an uncle. Before he can collect his inheritance, however, he must find the missing black onyx chess pieces from a set his dead uncle gave him years ago. But this is no simple task. The two university students embark on a thrilling journey that takes them through many parts of Central and South America — and continues even as they land back home at Mexico City's airport. Readers will live the young men's adventures with them on every page, without leaving the safety of their classroom, library, or home!

The Spanish used in *La herencia* is concise and simple; it allows students of first- and second-level Spanish courses to comprehend the meaning of the text without struggling through complex words and verb forms. The more difficult words are side glossed, as are the idiomatic expressions and the more sophisticated constructions. This way, students will not have to interrupt their reading with "side trips" to the dictionary. In those cases where students have to look up a high-frequency word, there is a complete Spanish-English vocabulary at the end of the book.

*La herencia* is yet another book in the *Journeys to Adventure* series. The variety of stories available are suitable for readers at various levels of language proficiency and are excellent supplements for individualizing instruction or as class texts. The mystery, humor, and adventure that are integral parts of the plots are sure to hold the students' interest. Add these elements to the language and culture of the Spanish-speaking world which are also introduced in the stories, and you have a recipe for success!

# La ruta de Javier y Enrique

# 1 Empiezan las vacaciones

Enrique se levanta. Es muy temprano. Él es un muchacho fuerte y guapo con el pelo negro y la piel morena.° **piel morena** dark skin

Esta mañana Enrique está triste. Saca de su bolsa una carta de su novia María Jackson que estudia en la Universidad de Texas y la lee por segunda vez. En la carta, ella escribe que no puede ir a México este verano porque su papá está enfermo. Ella tiene que quedarse° en **quedarse** to stay casa y ayudar a la mamá.

Enrique piensa tanto en María que no quiere desayunarse.° Si no viene María, ¿cómo va a pasar el verano? **desayunarse** to eat breakfast Sus planes eran mostrarle° a ella toda la Ciudad de **mostrarle** to show her México, pero ahora...¿qué va a hacer? A cada momento se siente° más triste. **se siente** he feels

Ahora Enrique está de vacaciones porque acaba de° **acaba de** he has just terminar sus exámenes finales de Derecho° en la Universidad de México. Pero las vacaciones van a ser muy **Derecho** law largas y aburridas° para él sin la visita de María. **aburridas** boring

Todavía está pensando en ella cuando alguien toca a **toca a la puerta** knocks at the door la puerta.° Es su mejor amigo, Javier Solano. Él también es fuerte y moreno. Generalmente Javier está feliz, pero hoy, él también está triste.

—¿Qué te pasa?— pregunta Enrique. —¿Por qué estás triste?

—Recibí° muy malas noticias— contesta Javier, **Recibí** I received —pero no todas son malas. La semana pasada murió° **murió** died mi tío favorito, don Augusto Raimundo Solano. Él era° multi-millonario y era dueño° de unas fabulosas **era** was **dueño** owner huertas° de naranjas en Valencia.[1] **huertas** orchards

---

[1] **Valencia is located on the Mediterranean coast of Spain. Valencia oranges are famous throughout the world.**

—Lo siento mucho— dice Enrique.

—Ahora, te cuento las buenas noticias. Como sabes, mi tío era un aventurero y viajaba° por todo el mundo. **viajaba** he traveled

—El único pasatiempo tranquilo que a él le gustaba era el ajedrez.° Era muy aficionado al ajedrez. [2] **ajedrez** chess

—Es cierto. Pero dime,° ¿cuáles son las buenas noticias? **dime** tell me

—Pues, mi tío Augusto me dejó en testamento° cien mil dólares. **dejó en testamento** left in a will

—¡Cien mil dólares!— exclama Enrique.

—Sí, pero primero tengo que encontrar unas piezas de ónix que completan un juego de ajedrez— dice Javier. Pero cuando ve la expresión de curiosidad en la cara de su amigo, explica:

—Cuando yo era muy niño, mi tío me dio° las piezas blancas de un juego de ajedrez. Y, ahora, para recibir mi herencia, tengo que ir a diferentes países para buscar todas las piezas negras y completar el juego. **me dio** gave me

—Esas sí son buenas noticias. Son buenas para ti.

—Déjame° terminar. Tú me vas a ayudar. **Déjame** Let me

—¡Yo! ¿Cómo?— pregunta Enrique.

—El abogado° de mi tío me dice que un amigo puede ir conmigo porque mi tío dejó suficiente dinero para un viaje de dos personas. ¿Qué te parece viajar conmigo? **abogado** lawyer

—¡Fantástico! ¿Cuándo empezamos?

—Empezamos esta tarde. Tenemos que ir al Club Rotario para hablar con el señor José González Lozano, [3] amigo de mi tío. Él nos va a decir adónde tenemos que ir primero— dice Javier. Ahora está sonriendo y está más animado.° Los muchachos casi se olvidan de° almorzar pero Javier, ahora muy contento, tiene hambre. **animado** lively, cheerful **se olvidan de** forget to

1. ¿Cómo es Enrique?
2. ¿Quién es don Augusto Raimundo Solano?
3. ¿Cuáles son las buenas noticias de Javier?
4. Para recibir su herencia, ¿qué tiene que hacer Javier?
5. ¿Por qué son buenas para Enrique las noticias de Javier?

---

[2] Chess was originated around the 16th century. The modern game of chess is popular in all the Spanish speaking countries.

[3] In Spanish, you not only have a first name, but two last names. The first last name is the father's surname and the second is the mother's surname. So that, Sr. José González Lozano can be called Sr. González Lozano or Sr. González, but never just Sr. Lozano.

# 2  ¿Dónde está la carta?

Los dos muchachos llegan al Club Rotario a las dos y media de la tarde. Preguntan a la recepcionista si está el señor José González Lozano.

—Sí, cómo no. Vayan derecho° por este corredor y doblen° a la izquierda. El señor González está en la biblioteca.

Javier y Enrique caminan a la biblioteca del club. Todo está muy silencioso. Los dos buscan por todos lados pero no ven a nadie. Entran en la biblioteca oscura y buscan al señor González. De repente, alguien exclama en voz alta:

—¡Javier! ¡Qué milagro° de verte por aquí!

Detrás de un estante° sale un hombre bajo y gordo. Tiene una sonrisa amable y la expresión de alguien que ama la vida.

—¿Señor González?— pregunta Javier.

—Sí, sí. A sus órdenes. Augusto me dijo° que tú me visitarías° después de su muerte. ¡Y aquí estás! Eres más bajo y delgado de lo que te imaginé.° Pero, no importa. Lo importante es que estás aquí. ¿Quién es tu amigo? ¿Quieren tomar un café?— El señor González habla tan rápido que Javier apenas le puede contestar.

—Perdón. Quiero presentarle a mi amigo Enrique Pereda— dice Javier. —Ambos estudiamos Derecho en la Universidad de México. Estamos aquí para...

—¿Derecho? Una profesión muy buena. Sí, sí, muy buena— interrumpe el señor. —Cuando yo tenía 17 años,° quería° estudiar derecho pero no lo hice.° Tengo

**Vayan derecho** Go straight
**doblen** turn

**milagro** miracle

**estante** bookshelf

**dijo** told
**visitarías** would visit
**imaginé** I imagined

**yo tenía 17 años** I was 17 years old
**quería** I wanted
**no lo hice** I didn't do it.

3

una memoria muy mala. Sí, muy mala, muy mala. De un día a otro no recuerdo nada, nada.

Javier está un poco impaciente. Interrumpe:

—Señor González, estamos aquí para hablar de las piezas negras de ónix que completan el juego que me dio mi tío. Y quiero saber adónde tenemos que ir primero.

—Ah, sí, sí. No te preocupes.° Estoy tratando de recordar lo que me dijo Augusto. Déjame pensar.— Se sienta en una silla y murmura:

**No te preocupes** Don't worry

—¿Dónde está la carta? ¿—en la caja fuerte?° No, no está allí porque Augusto sabía° que nunca puedo recordar la combinación. A ver. ¿Está en mi juego de ajedrez? No, no, tampoco puede estar allí porque perdí° el juego hace dos años.

**caja fuerte** safe
**sabía** knew
**perdí** I lost

—¡Señor González!— interrumpe Javier, ahora muy impaciente. —¿No tiene usted idea de dónde está la carta?

—A ver. A ver. Sé que la carta con toda la información está en esta biblioteca. De eso estoy seguro.

—Quizá podemos buscar la carta juntos— sugiere° Enrique.

**sugiere** suggests

Los muchachos y el señor González empiezan a buscar la carta por toda la biblioteca. Buscan debajo de las sillas, debajo de las lámparas, detrás de los cuadros y en los estantes. Buscan una hora sin encontrar nada.

Enrique busca otra vez en los estantes. Con una sonrisa, dice:

—Aquí hay un libro muy bueno para usted, señor González: *Cómo mejorar la memoria en diez días.*

El señor González se para;° tiene una expresión muy curiosa en la cara. Se rasga° la cabeza y exclama:

**se para** stops
**se rasga** scratches

—¡Allí está! ¡La carta está en el libro! ¿Por qué no me acordé° de eso antes?

**no me acordé** didn't I remember

1. ¿Cómo es el señor González?
2. ¿Qué estudian Enrique y Javier en la Universidad?
3. ¿Por qué no está la carta en la caja fuerte?
4. ¿Por dónde buscan la carta los muchachos y el señor González?
5. ¿Qué encuentra Enrique en el estante?

4

# 3  Preparaciones

—¿Cómo es posible que no me acordara de que Augusto dejó la carta en el libro? ¿Cómo es posible?— se pregunta el señor González y sigue murmurando:

—Augusto se burlaba° tanto de mi mala memoria que por esa razón dejó la carta en el libro sobre la memoria. Claro, ahora me acuerdo.

*se burlaba  laughed at*

Mientras habla el Sr. González, Enrique abre el libro. En el centro del libro hay un sobre° blanco con el nombre «Javier».

*sobre  envelope*

—Déjame ver la carta— dice Javier. Toma el sobre, abre la carta y lee en voz alta:

«Mi querido Javier,

La primera pieza de ónix está en la Ciudad de Guatemala. Habla con el señor Absalón Fernández. Él es arqueólogo y tiene un peón° de ónix negro. Te deseo muy buena suerte en tu viaje.

*peón  pawn*

¡Una cosa muy importante! Quiero que escribas° todo lo que te pasa en un diario: tus experiencias, tus impresiones, etc. Es una de las mejores maneras de recordar y apreciar bien las experiencias que tiene uno. Al terminar el viaje, preséntale el diario a mi abogado; él sabrá° qué hacer entonces.

*Quiero que escribas
want you to write*

*sabrá  will know*

Con cariño,
Augusto»

—¡La Ciudad de Guatemala! ¿Cómo vamos allá?— pregunta Enrique asombrado.°

*asombrado  astonished*

—Con el dinero que dejó mi tío para el viaje, podemos ir

5

en avión. El aeropuerto en la Ciudad de Guatemala es uno de los mejores de Centro América— contesta Javier.

Los muchachos hablan un rato con el señor González y después se despiden de él. Caminan a una agencia de viajes y piden la lista de los vuelos° a la Ciudad de Guatemala. Hay un vuelo al día siguiente en un avión de la compañía guatemalteca,° Aviateca. Ellos compran los boletos y regresan a la casa para empacar.° Javier compra un cuaderno verde oscuro para su diario. vuelos flights guatemalteca Guatemalan empacar to pack

Antes de acostarse, Javier escribe todos los sucesos del día en su diario. Aun escribe° de la mala memoria del señor González. Cuando termina y se acuesta, no puede dormir. Está pensando en el viaje y en las piezas de ajedrez. Aun escribe He even writes

Al día siguiente, los dos muchachos se reúnen en el aeropuerto. Tienen sus maletas llenas de camisas, pantalones, calcetines y sus suéteres de varios colores. Los dos pasan por el inspector antes de abordar° el avión. Mientras que el inspector está ocupado inspeccionando las maletas de Enrique y Javier, un hombre alto y flaco entra rápidamente en el avión. Con mucho cuidado,° lleva una pequeña maleta negra en la mano. abordar to board Con mucho cuidado Very carefully

Los muchachos se sientan cerca del señor con la maleta negra. Hablan mucho del viaje y de las aventuras de don Augusto. El avión se despega.° se despega takes off

Una vez en el aire, las mozas les dan café y pasteles a los pasajeros. Javier se duerme porque no durmió° la noche anterior. Pero Enrique observa a todos los pasajeros. Aun observa que el señor misterioso abre su maleta pequeña y saca algo brillante. no durmió didn't sleep

Enrique trata de ver mejor lo que tiene el hombre en la mano. ¡Es una pistola!

1. ¿Dónde está la primera pieza de ajedrez?
2. ¿Con quién tienen que hablar para encontrarla?
3. ¿Por qué necesita Javier un diario durante el viaje?
4. ¿Quién aborda el avión sin pasar por el inspector?
5. ¿Qué saca el hombre de su maleta negra?

# 4    Enrique, el héroe

Una moza bonita lleva un vaso con agua al señor
misterioso. Mientras ella se lo da, el hombre la    **apunta** points
apunta° con la pistola y dice en voz baja:
—Vamos a hablar con el piloto. Este avión va a hacer
un pequeño desvío.°    **desvío** detour
   Con la pistola escondida° en el bolsillo de su chaque-    **escondida** hidden
ta, el señor camina con la moza hacia el compartimiento
del piloto. Enrique salta° de la silla y agarra° los brazos    **salta** jumps
del señor. Una mujer asustada° grita. Javier se despierta    **agarra** grabs
**asustada** frightened
y también salta de la silla para ayudar a su amigo.
   Los dos pelean con el hombre. Enrique le quita° la    **quita** takes away
pistola de la mano y se la da a la moza. Ella apunta al
señor y dice:
—¡Siéntese aquí!
   El hombre se enoja° y trata de escapar, pero Enrique    **se enoja** gets angry
lo empuja° en una silla. Javier encuentra una cuerda    **empuja** pushes
fuerte y le ata° las manos detrás de la silla.    **ata** ties
—Así, no puede hacer nada— dice.
La moza habla con los muchachos:
—Por favor, quédense° con él. Ya casi vamos a llegar    **quédense** stay
a la Ciudad de Guatemala.
—Sí, con mucho gusto— contesta Javier, tomando la
pistola.
—Quédese usted muy quieto— dice Enrique al señor.
—No se mueva° para nada.    **No se mueva** Don't move
   Ambos muchachos observan al señor hasta llegar al
Aeropuerto Aurora de la Ciudad de Guatemala. El avión
aterriza° y cuando se para, abordan cuatro policías.    **aterriza** lands
Dos de ellos llevan al hombre a la cárcel° mientras que    **cárcel** jail

los otros dos hablan con la moza, con Enrique y Javier y con los otros pasajeros.

Por fin, todos pueden bajar del avión; Enrique y Javier son los últimos en bajar. Cuando salen del avión, muchísimos reporteros empiezan a sacarles fotografías y hacerles preguntas.

Otra vez, los dos tienen que contar todo lo que pasó en el avión. Ya es noche cuando llegan a la Pensión Shaw donde piensan pasar la noche.

—Quiero acostarme ahorita y nunca levantarme— dice Enrique, sentándose en la cama.

—Yo también— dice Javier, —pero debo escribir en el diario lo que nos pasó° hoy.

**nos pasó** happened to us

—Es cierto— dice Enrique, —y yo debo escribir una carta a María y a mis padres.

Los dos sacan papel y plumas y empiezan a escribir. A los diez minutos, ambos se quedan completamente dormidos.

1. ¿Qué hace el señor misterioso cuando la moza le trae un vaso con agua?
2. ¿Qué hace Enrique cuando ve al hombre con la moza?
3. ¿Qué hace Javier cuando se sienta el hombre en una silla?
4. ¿Qué pasa a Enrique y a Javier cuando bajan del avion?
5. ¿Qué hacen los dos muchachos antes de acostarse?

# 5 Por la radio de onda corta

A la siguiente mañana, Enrique y Javier se levantan tarde. Se arreglan° para salir en busca del arqueólogo. **Se arreglan** They get ready
Antes de salir, se ponen° sus suéteres porque hace frío. **se ponen** put on

—Si estamos en un país tropical, ¿por qué está tan fresco el clima?— pregunta Javier.

—Es que el clima depende de la altitud de la tierra. En una zona baja hace calor y en una zona alta, hace frío— explica Enrique. Caminan a un café para tomar el desayuno. Un muchacho que vende periódicos[1] de repente° exclama: **de repente** suddenly

—¡Allí están! Ustedes son los que capturaron al salteador° ayer, ¿verdad? **salteador** hijacker

—Sí— contesta Javier, —pero, ¿cómo lo sabes?

—Pues, lean°— dice el muchacho, dándoles un perió- **lean** read dico. En la primera página hay una foto grande de Enrique y Javier bajando del avión.

—¿Me hacen el favor de firmar° este periódico?— les **firmar** to sign pide el muchachito. Sonriendo, los dos jóvenes lo firman.

—Ahora puedo decirles a mis hermanas que yo hablé con dos héroes.— El muchacho sonríe y guarda el periódico en una bolsa grande.

Enrique compra dos periódicos para mandar a casa y a María; Javier compra uno para poner en su diario.

—Apenas empezamos el viaje y ya hemos tenido una aventura— comenta Enrique después del desayuno.

—Es emocionante, ¿no?— dice Javier, —pero ahora debemos encontrar al arqueólogo del que escribió° mi **escribió** wrote

[1] In Latin American countries, it is still very common to see young boys on the street corners or going door to door selling the daily newspapers.

10

tío.— Ellos regresan a la pensión y buscan el nombre de
Absalón Fernández en el directorio telefónico.

—Aquí está el número— dice Enrique.

Javier marca° el número. Timbra° tres veces y con- **marca** dials
testa una mujer. Es la secretaria del Sr. Fernández. **Timbra** It rings
Javier le cuenta de la muerte de su tío, de la pieza negra
de ajedrez y también de la carta. Hay un largo silencio y
la cara de Javier se pone triste. Se despide de la señorita
y cuelga° el teléfono. **cuelga** hangs up

—El señor Fernández salió° ayer para la región del **salió** left
Petén y allí va a pasar tres meses.

—¡Tres meses!— exclama Enrique. —No podemos
esperar tanto tiempo. ¿No podemos ir allá?

—No sé, pero creo que sí— dice Javier. —El Sr.
Fernández está estudiando las ruinas mayas de Tikal.
Posiblemente hay un avión o un aerotaxi ² que va allá.
Vamos a la oficina del Sr. Fernández para preguntar.

Enrique y Javier van a la oficina y hablan con la
secretaria, la Srta. Gutiérrez. Ellos le explican todo.

—Claro. Entiendo bien. Pero no sé como...— ella les
dice. —Ajá. Ya sé. ¡Podemos hablar con él por la radio
de onda corta!° Vengan conmigo. **onda corta** shortwave

La siguen a un cuarto pequeño con muchas máquinas.
Ella se pone unos auriculares.° Se oye mucha estática **auriculares** earphones
en la radio. Por fin, contesta el Sr. Fernández.

Él dice que tiene la pieza de ónix en el campamento.
Invita a Javier y a Enrique al campamento.

Entonces con la ayuda de la señorita Gutiérrez, los
muchachos se ponen en camino al campamento arqueo-
lógico del Petén. ³

---

² Because of the varied geography of Central and South American countries, the building
of roads has often been impossible. Many airlines offer an air taxi service with small passenger
planes.

³ The Petén region, a limestone plateau covered with dense, tropical rainforest, comprises
about 1/3 of Guatemala. Many ruins of the ancient Mayan cities have been discovered in
the area.

1. ¿Por qué hace frío en la Ciudad de Guatemala?
2. ¿Dónde va a estar el Sr. Fernández por tres meses?
3. ¿Qué hacen los muchachos al saber que el arqueólogo no está en la
   Ciudad de Guatemala?
4. ¿Dónde está la pieza de ajedrez?
5. ¿Qué hace el Sr. Fernández a Javier y Enrique?

# 6   En el campamento

Cuando aterriza el avioncito, Javier y Enrique bajan e inmediatamente se quitan° los suéteres. En las selvas° del Petén, hace muchísimo calor y hay mucha humedad. Un hombre completamente calvo° y con unos ojos azules los saluda. Tiene un fuerte acento inglés.

—Bienvenidos. El señor Fernández me mandó° para recibirlos y llevarlos al campamento. Me llamo Christopher Whitlatch. Soy asistente del Sr. Fernández.

—Mucho gusto— dicen Enrique y Javier en coro.°

—Aquí está nuestra transportación— dice el Sr. Whitlatch.

Ambos muchachos miran. A la izquierda hay tres caballos.

—¿Saben ustedes montar?— les pregunta.

—Sí, yo monto a caballo todos los fines de semana— contesta Javier, sonriendo. Pero Enrique no sonríe.

—Yo jamás he montado a caballo— dice.

El Sr. Whitlatch le asegura:°

—No te preocupes. Puedes montar a Rebelde. A pesar del nombre, es una yegua mansa.°

—¿Dice que se llama Rebelde? Vamos a ver— dice Enrique haciendo una expresión de disgusto.

Todos se montan a caballo y empiezan a seguir la senda° que va al campamento. Los muchachos están fascinados con los animales y las plantas que ven. Arriba en los árboles hay un pájaro con plumas largas de muchos colores. Tiene el pecho° rojo y una cola larga.

| | |
|---|---|
| se quitan | take off |
| selvas | jungles |
| calvo | bald |
| me mandó | sent me |
| en coro | in unison |
| le asegura | assures him |
| yegua mansa | gentle mare |
| senda | trail |
| pecho | chest |

12

—¿Qué pájaro es ese?— pregunta Javier.

—Es el quetzal,[1] el pájaro nacional de Guatemala. Simboliza la libertad porque se dice que no puede vivir en cautividad—° responde el Sr. Whitlatch. **cautividad** captivity

—¡Qué hermoso es!

Cuando llegan al campamento, ya es de noche. Todos se bajan de los caballos.

—¡Caray! ¡Huy!— exclama Enrique. Y empieza a caminar con dificultad.

—¿Qué te pasa?— pregunta Javier con una sonrisa burlona.° Como él monta cada fin de semana, está acostumbrado° a sentarse en una silla de montar. **burlona** mocking **acostumbrado** used to

—Nada. Solamente estoy un poco dolorido°— responde Enrique. —No voy a sentarme por un rato. **dolorido** sore

De una tienda° grande sale el Sr. Fernández. Saluda amablemente a los muchachos: **tienda** tent

—¡Javier! ¡Cómo has crecido!° Yo te conocí° cuando tenías ocho años. He sentido mucho la muerte de Augusto. Él era un hombre fino e inteligente. Era muy buen amigo. ¿Por qué no entramos en mi tienda antes de que los insectos nos coman vivos?° **has crecido** you have grown **conocí** knew **antes...vivos** before the insects eat us alive

Todos entran en la tienda y se sientan en unas sillas y en el catre.° Hablan mucho tiempo a la luz de una linterna. El arqueólogo les cuenta de la vez que don Augusto le salvó° la vida durante un estudio de otras ruinas mayas. **catre** cot **salvó** saved

El señor Whitlatch ve a un hombre afuera, se despide del grupo y sale de la tienda.

Javier, impaciente de ver la primera pieza de ónix negro, pregunta al arqueólogo:

—Sr. Fernández, ¿tiene usted la pieza de ajedrez?

—Sí, la tengo aquí— responde. Se para y saca una caja de una maleta grande. Con una llave,° la abre y adentro está el peón negro. **llave** key

—¿No hay una carta?— pregunta Enrique. —¿Cómo vamos a saber adónde ir para la próxima pieza?

Javier coge la pieza en la mano y la examina con cuidado. Dice:

---

[1] **The quetzal is covered with brilliant blue, emerald and ruby feathers. The Guatemalans consider it a symbol of liberty. Also, the Guatemalan currency takes its name from this rare bird.**

—Creo que hay algo escrito° en el fondo,° pero no veo bien.

*escrito* written
*fondo* bottom

El Sr. Fernández saca una lupa° y se la da a Javier. La toma y empieza a leer.

*lupa* magnifying glass

—Ahora veo mejor. Dice Ni-ca-ra-gua— lee en voz alta. —Y aquí hay más. Ma-na-gua. Sra. de Val-ver-de.

—Está bien. Tenemos que ir a Managua, Nicaragua y hablar con la Sra. de Valverde— dice Enrique. —En toda la ciudad de Managua, ¿cómo la encontramos?

—Ella es dueña de una modistería°² en Managua. Augusto hablaba mucho de ella— comenta el Sr. Fernández.

*modistería* dressmaker's shop

—¿Cómo conoció mi tío a una dueña de una modistería?— se pregunta Javier con una expresión de curiosidad.

—¿Quién sabe?— dice Enrique, bostezando.°

*bostezando* yawnling

—Es muy tarde. Acuéstense.° Mañana viene el avión a mediodía. Así les dará° tiempo para ver las ruinas de Tikal— dice el arqueólogo.

*Acuéstense* Go to bed
*dará* will give

Los dos dan las gracias al Sr. Fernández y entran en la tienda. Javier pone la pieza en el bolsillo de sus pantalones. Saca su diario y escribe las impresiones del día. Enrique se acuesta en el catre y se duerme.

Es muy noche cuando Javier deja de° escribir y apaga° la linterna. Todavía no está dormido cuando oye unas voces afuera de la tienda. Reconoce° la voz del Sr. Whitlatch.

*deja de* stops
*apaga* turns off
*Reconoce* He recognizes

—Lo tenemos que hacer mañana. El Jefe no nos esperará° más tiempo. Podemos poner la estatua en el avión que van a tomar los muchachos. Absalón no sospecha° nada de nosotros. Va a pensar que los muchachos son los ladrones.°

*esperará* will wait
*sospecha* suspects
*ladrones* thieves

Cuando deja de hablar el Sr. Whitlatch, los hombres se van. Javier no sabe qué hacer.

—No sé qué estatua va a robar el Sr. Whitlatch para ese Jefe, pero debo avisar° al Sr. Fernández.

*avisar* to warn

Silenciosamente, Javier se levanta y sale de la tienda. Nadie está afuera. Se ve una luz en la tienda del Sr.

---

² **Instead of buying ready-to-wear clothing at a department store, many women go to the seamstress** *(la modista),* **who often makes a dress without a pattern, only using a picture from a magazine as a guide.**

14

Fernández. Para no hacer mucho ruido, camina lentamente en dirección de la tienda. Sólo oye los ruidos
raros° de la noche en la selva. ~~words~~    *Noisy*    **raros**  strange
De repente, Javier siente un golpe en la cabeza y cae
al suelo inconsciente. Siguen muchos gritos ~~screams~~ y una pelea ~~fight~~
fuerte, pero Enrique no oye nada. Duerme profunda-
mente.

1   Cuando llegan al Petén, Enrique y Javier se quitan los suéteres. ¿Por qué?
2.  ¿Qué ven los muchachos por la senda en camino al campamento?
3.  ¿Adónde tienen que ir Enrique y Javier para buscar la segunda pieza de
    ajedrez?
4.  ¿Qué oye Javier afuera de su tienda?
5.  ¿Qué pasa a Javier cuando sale de la tienda para hablar con el Sr. Fer-
    nández?

# 7   Javier se desaparece

*oN heariNg*

Al oír° la canción de unos pájaros, Enrique se despierta. **Al oír** On hearing

Levantándose° del catre, pregunta:

—¿Javier? ¿Dónde estás?— Es de mañana y el catre *campbed*
de Javier está vacío.°     **vacío** empty

Enrique sale de la tienda. No ve a Javier en ninguna parte. Entonces camina a la tienda del Sr. Fernández.

—Sr. Fernández, Sr. Fernández— llama. Nadie contesta. Se asoma° y no puede creer lo que ve. Todas las **Se asoma** He looks in
cosas en la tienda están tiradas° por el suelo.     **están tiradas** are strewn

—Mmmmmmm— piensa Enrique, —parece que alguien peleó° aquí.— Sale de la tienda. Tampoco están **peleó** fought
los caballos. Enrique está confundido.

—No pueden irse sin mí. ¡Qué raro es esto!— piensa.

Decide investigar todo el campamento. Pasa media hora buscando a su amigo y al Sr. Fernández. Va de regreso a la tienda cuando ve algo negro y brillante en el suelo. Se acerca. ¡Es la pieza de ónix! La coge y la guarda en su bolsillo.

Va en dirección a una senda donde ve que hay ramas° y plantas rotas.° A la izquierda, ve un arbolito que **ramas** branches
está roto. Parece que algo fue jalado° por esa parte. **rotas** broken
Cerca del árbol, Enrique ve un pedazo° de tela verde **fue jalado** was pulled
—¡el color de los pantalones de Javier! **pedazo** piece

Silenciosamente camina por donde ve los árboles y plantas rotas. A lo lejos ve a un hombre parado° en- **parado** standing
frente de una cueva. En las manos tiene un rifle. Poco a poco, sin ser visto, Enrique se acerca. Cuando está más cerca, se esconde° detrás de un arbusto° y ve a Javier y **se esconde** he hides
al Sr. Fernández adentro de la cueva. Están atados. **arbusto** bush

16

De repente, el Sr. Whitlatch, montado a caballo, grita al hombre que vigila° la cueva:

—¡Chucho,¹ ven conmigo!° Tenemos que regresar al campamento y buscar al otro muchacho.

—Pero, pero...— dice Chucho.

—No hay peros. ¡Hazlo!°— grita Whitlatch. Los dos hombres salen rápido en dirección al campamento.

Enrique espera un buen rato, mira a todos lados y cuidadosamente entra en la cueva.

—¡Enrique!— grita Javier. —¿Cómo nos encontraste?°

—Fácil, Javier. Te busqué° por todo el campamento y encontré la pieza de ajedrez. Después seguí las plantas rotas de la senda.

—¡Chitón!° Oigo algo afuera— dice el arqueólogo.

—Han regresado el Sr. Whitlatch y el otro hombre— dice Enrique en voz baja.

—Desátanos,° rápido. Vamos a escondernos en el fondo de la cueva— dice el Sr. Fernández.

Enrique les desata las manos y los pies lo más rápido posible y todos se esconden en el fondo de la cueva. Momentos después, entran los dos hombres.

—El otro muchacho no está en el campamento. Probablemente está buscando a su amigo— dice el Sr. Whitlatch mientras que entra en la cueva.

—¡Mire!°— exclama Chucho. —El joven y el Sr. Fernández no están aquí. Han escapado.

—¡Tonto! ¿No sabes atar bien una cuerda?— grita el Sr. Whitlatch.

—Pero, pero...— dice Chucho.

—¡Cállate!° Vete por la estatua, ¡rápido!— grita. —En todo caso, tenemos que salir ahora mismo.

Chucho va al fondo de la cueva. Se oye un golpe fuerte y después, silencio.

—¿Chucho? ¡Chucho! ¿No sabes hacer nada?

De repente sale el Sr. Fernández con el rifle de Chucho en las manos y dice:

---

vigila guards

ven conmigo come with me

¡Hazlo! Do it!

nos encontraste did you find us

busqué I looked

¡Chitón! Sh!

Desátanos Untie us

¡Mire! Look!

¡Cállate! Shut up!

---

¹ Nicknames in Spanish are often longer than the proper names or bear no resemblance to the proper names at all. For example, Carmencita is a nickname for Carmen; Jaimito for Jaime. Pepe is a nickname for José even though it bears no resemblance. Another example is Chucho, the nickname for Jesús.

—Christopher, eres un buen asistente, pero un mal ladrón.

Enrique y Javier atan a Chucho y al Sr. Whitlatch con la cuerda. El Sr. Fernández sigue hablando:

—La estatua tan preciosa de los mayas que ustedes quieren robar es una copia nada más. Cuando primero encontramos la estatua, mandé° la verdadera a un museo en la Ciudad de Guatemala. Pero antes de mandarla, hice° una copia para probar tu honestidad.

**mandé** I sent

**hice** I made

—Pues, ya tiene usted la respuesta— dice Javier.

Más tarde, cuando los muchachos se despiden del Sr. Fernández, él les invita a regresar algún día para ver las ruinas mayas con calma.

—No se olviden de regresar a visitarme pronto— dice el arqueólogo.

—Se lo prometemos°— responden los dos mientras que abordan el avioncito.

**Se lo prometemos** We promise it

1. ¿Qué pasa cuando Enrique se levanta por la mañana?
2. ¿Cómo llega Enrique a la cueva?
3. ¿Quién está parado enfrente de la cueva?
4. ¿Qué explica el Sr. Fernández de la estatua maya?
5. ¿Dónde está la estatua verdadera?

# 8 Beatriz, la fotógrafa

Al regresar a la Ciudad de Guatemala, Enrique y Javier alquilan un auto y toman la Carretera Interamericana [1] a Nicaragua. Después de unos días de buscar la modistería de la Sra. de Valverde, los muchachos la encuentran en Diriamba. Ella les explica que su modistería en Managua fue completamente destruida en el terrible terremoto de 1973. Entonces ella se mudó° a Diriamba, un pueblo encantador en las montañas.

**se mudó** moved

La Sra. de Valverde les da la otra pieza de ajedrez con instrucciones de ir a San José, Costa Rica y hablar con la fotógrafa, Beatriz Oteo en el Parque Central.

Otra vez, Enrique y Javier viajan por la carretera. Después de manejar muchas horas, Javier y Enrique deciden descansar. Salen de la Carretera Interamericana para ir a Puntarenas, [2] una ciudad en la costa pacífica de Costa Rica. Allí nadan° un poco y descansan bajo la sombra de unas palmas grandes.

**nadan** they swim

Siguen el viaje a San José después de recuperar sus fuerzas. Pasan por Heredia, la ciudad de las flores. En poco tiempo llegan a San José.

Van primero a una droguería° para buscar el nombre de Beatriz Oteo en el directorio. Pero no lo encuentran.

**droguería** drugstore

—Pues, vamos al Parque Central para buscar a Bea-

---

[1] The Pan American Highway system (la carretera Interamericana) is generally in excellent condition all throughout Mexico and Central America. However, beginning in Panama through to Colombia, it becomes impassable because of the dense, tropical rainforests which have hindered construction for many years.

[2] Puntarenas, a lovely resort town on the Pacific coast of Costa Rica, is the «in» place to be during the season (Feb.-March). It is also a good spot for deep-sea fishing — especially for sharks and giant mantees or devilfish.

20

triz Oteo. No sé cómo vamos a encontrarla en un parque— dice Javier, —pero, no tenemos otra alternativa.

Los dos caminan al parque. Hay muchos fotógrafos, pero ninguno es mujer. Dan una vuelta° por todo el parque. **Dan una vuelta** They walk around

—Hay pavimento de mosaicos, jardines y muchos árboles, pero no hay una fotógrafa— comenta Enrique. Apenas dice esto y los dos ven pasar a una muchacha joven con dos cámaras colgadas° del cuello. Ella camina muy de prisa. **colgadas** hanging

—¡Es ella!— exclama Javier y corre hacia la muchacha que empieza a subir a un taxi. Javier le coge el brazo. La muchacha grita y le da golpes al pobre de Javier.

—¡Señorita! ¡Señorita!— le dice Enrique que acaba de llegar al lado de su amigo. —Señorita, déjeme explicar.° ¿Se llama usted Beatriz Oteo? **explicar** explain

Javier la suelta° y ella contesta muy enojada: **la suelta** lets her go

—Sí. ¿Y qué...?

—Pues, yo me llamo Javier. —Soy, o mejor dicho,° era, sobrino de don Augusto Raimundo Solano. Hace unas semanas él murió. Vengo aquí para pedirle la pieza de ónix... **mejor dicho** rather

Beatriz lo mira con rabia° y habla mientras que sube al taxi. **rabia** fury, anger

—Nunca pensé° que el sobrino de don Augusto sería tan mal educado.° No tengo tiempo para hablar con ustedes ahora. Si quieren, vengan conmigo y después hablamos. **pensé** thought · **mal educado** rude

Los dos muchachos suben al taxi. La muchacha les cuenta que conoció a don Augusto durante una expedición de caza.° Ella sacaba fotos de los cazadores y de los animales para mandarlas a una revista.° Como a ella le gustaba jugar ajedrez, hizo amistad° con don Augusto. **de caza** hunting · **revista** magazine · **hizo amistad** became friends

—Él era un hombre muy fino y buena gente. Evidentemente su sobrino no es nada como él— dice ella, todavía enojada.

—Perdone° lo que pasó en el parque— dice Javier, —pero como usted era la única mujer con cámaras en todo el parque, no quería perderla.° **Perdone** Forgive · **perderla** to lose you

Enrique, que quiere cambiar el tema, pregunta:

—¿Adónde vamos?

—Vamos al volcán de Irazú. Voy a sacar fotos para una revista de los Estados Unidos. Es una revista de la naturaleza.

—¿No leí° que en 1963 ocurrió una erupción de este volcán durante la visita del Presidente Kennedy?— pregunta Javier tratando de ser amable.° ¿No leí...? Didn't i amable friendly

—Me sorprende que alguien como usted puede leer— comenta Beatriz sarcásticamente. —Sí, el Irazú tuvo una erupción en aquel año. Fue impresionante, especialmente durante la noche. Desde muy lejos se podía ver la luz del fuego° del volcán. fuego fire

Enrique mira los campos de flores azules y en la distancia, ve un volcán gris, el Irazú.

El taxi toma una carretera pavimentada° que sube casi hasta el cráter del volcán. Cuando llegan, todos se bajan. Junto a° un edificio blanco, Javier lee un aviso° que dice que nadie debe ir al cráter sin ser acompañado de un guía; y si no está el guía, favor de esperar unos momentos. Cuando Javier se asoma al edificio, no ve a nadie. pavimentada Paved Junto a Next to aviso sign

Pero Beatriz no hace caso° del aviso. Camina rápidamente hacia el cráter. no hace caso do attention to

—¡Espera, Beatriz! ¡Espera!— grita Javier. Pero ella no se para; va directamente hacia el cráter.

1. ¿Por qué no encuentran inmediatamente a Beatriz Oteo en el P Central?
2. Beatriz se enoja con Javier, ¿por qué?
3. ¿Adónde van los tres en taxi? ¿Por qué?
4. ¿Qué dice el aviso cerca del cráter?
5. ¿Tiene Beatriz mucha paciencia? ¿Cómo lo sabes?

# 9   Al borde del cráter

Javier y Enrique corren sobre la roca volcánica y las
cenizas° grises. Por fin alcanzan° a Beatriz.

—¿Por qué no esperas al guía?— pregunta Enrique.

—No tengo tiempo. ¡Cállense y déjenme trabajar!—
ordena Beatriz, arreglando el lente° de la cámara. Se
para al mero borde del impresionante cráter del volcán.
Trata de sacar una foto viendo hacia abajo. Está tan
hondo° el cráter que no se puede ver el fondo. Ella se
estira° un poco; se estira aún más y aún más. ¡De
repente, se resbala° y cae en el cráter del volcán!

—¡Ayyyyyy!— grita.

Instantáneamente, Javier coge la muñeca° de Beatriz
con ambas manos. Ella cuelga sobre el cráter oscuro y
profundo del volcán.

Enrique agarra la otra muñeca. Los dos jalan° con
toda su fuerza. De repente, Enrique pierde el balance y
se cae de rodillas. Con mucha dificultad, se vuelve a
parar.

—¡Ay! Sáquenme° rápido. Me duelen los brazos—
dice Beatriz. Unas lágrimas caen sobre sus mejillas.°

—No te preocupes. Ya casi...— responde Javier. Los
dos jóvenes jalan y jalan. ¡Por fin, la sacan!

Los tres están temblando y sin aliento.° No dicen
nada por mucho tiempo. Por fin habla Beatriz muy humilde:

—No sé qué decirles. Me han salvado° la vida. ¿Me
perdonan por la manera en que me porté° antes con
ustedes? Es que... Es que tenía mucha prisa y estas

cenizas  ashes
alcanzan  they catch up

lente  lens

hondo  deep

se estira  stretches out
se resbala  she slips

muñeca  wrist

jalan  pull

Sáquenme  Get me out
mejillas  cheeks

aliento  breath

han salvado  have saved
me porté  I behaved

23

fotografías son muy importantes para mí. Con las fotos que vendo, ayudo a la familia, y...y...

—Todo está perdonado— dice Javier. Sonríe amablemente. Beatriz también sonríe.

Pero, Enrique todavía está temblando y dice:

—Las fotos pueden ser importantes, pero no tan importantes como para echarnos° en el cráter de un volcán.— Suspira profundamente.

**echarnos** to throw ourselves

Beatriz se para y empieza a sacar las fotografías, pero, esta vez, Javier le ayuda a cargar las cámaras y a encontrar las vistas más dramáticas. Cuando terminan, se suben al taxi que los había esperado y regresan a San José a la casa de Beatriz. Beatriz los invita a cenar con su familia.

—Vivo con mis padres, mi abuelita y dos hermanas ¹— dice ella. —Mi papá está ciego° y ya no puede trabajar. Así que yo trabajo para poder pagar la renta. Y mi mamá tiene una pequeña tienda en donde vende artesanía de Costa Rica: son muy conocidos° los modelos de las carretas° con las ruedas pintadas°— explica Beatriz al entrar en el patio de la casa. Ella les presenta a su familia y todos van al comedor.

**ciego** blind

**conocidos** known

**carretas** oxcarts
**ruedas pintadas** painted wheels

Durante toda la cena, Enrique habla con los otros miembros de la familia Oteo. Javier no habla. Él está hipnotizado con Beatriz.

Después de la cena, Enrique y la familia salen a dar un paseo en la noche fresca. Beatriz se queda con Javier. Los dos jóvenes pasan mucho tiempo sin hablar. Por fin, Javier se acuerda de la pieza de ajedrez. Beatriz sale un momento y regresa con una bolsa de terciopelo.°

**terciopelo** velvet

—Aquí está. Es un peón de ónix negro— dice ella sacándola de la bolsa. También tengo una carta para ti.

Javier lee la carta en voz alta:

«Sobrino,

Como ya sabes, Costa Rica es un país encantador.°

Sin embargo, ahora tienes que ir a la Ciudad de Panamá

**encantador** charming

---

¹ The Latin family is usually closely knit with many members of the family living in the same house. Nursing homes are very scarce and, as a rule, the sons or daughters take care of the elderly parents even though they have families of their own.

y hablar con un ingeniero° llamado Isidro Altacruz del    **ingeniero** engineer
Monte. ¡Buena suerte!

Don Augusto»

Javier se pone triste. Mira a Beatriz y dice:
—Eso quiere decir que tenemos que salir mañana por
la mañana. Ya no quiero ir tan pronto.
—¿No puedes regresar a San José algún día?— pre-
gunta Beatriz, también triste.
—No sé. Al terminar este viaje, empezarán° las cla-    **empezarán** will begin
ses de la Universidad.
—Oh— dice ella. Javier le coge la mano y los dos se
miran en silencio.
Al poco rato entra todo el grupo después de su paseo.
Ya es tarde y todos están cansados. La criada² prepara    **criada** maid
una cama en la sala para Enrique y Javier.
—¡Que duerman bien!— dice Beatriz.
—Soñaré contigo°— contesta Javier.    **Soñaré contigo** I will dream about you
Enrique sonríe pero no mira a su amigo. No quiere
soltar la risa.°    **soltar la risa** to burst out laughing

1. ¿Qué pasa a Beatriz cerca del cráter?
2. ¿Qué hace Beatriz con las fotos que vende? ¿Por qué?
3. ¿Con quiénes vive Beatriz?
4. ¿Cómo es la familia de ella?
5. ¿Qué hace Javier durante la cena?

# 10   ¿Quién es Lola?

La mañana es hermosa, pero Javier y Beatriz sienten mucha tristeza.

—Te escribiré cuando pueda°— le dice Javier.

—Gracias. Y yo te mandaré copias de las fotos del volcán— responde Beatriz. Ella se pone de puntillas y besa a Javier. —Hasta luego.

—Hasta luego— dice Javier.

Durante todo el viaje a Panamá, Enrique trata de animar a su amigo. Sólo cuando reciben la pieza de ajedrez en San Juan, Puerto Rico, después de encontrar una pieza en Panamá y luego otra en Santo Domingo en la República Dominicana, Javier se anima.

—Todo va tan bien que posiblemente podemos ir a Costa Rica antes de regresar a México— sugiere.

—Buena idea. Pero, lee la carta de tu tío para saber adónde tenemos que ir ahora— dice Enrique.

—Según la carta, tenemos que ir a Caracas, Venezuela, el Aeropuerto Maiquetía, para hablar con el señor Rafael Pérez y Lola. ¿Quién es Lola?— pregunta Javier.

—¿Cómo voy yo a saber esto? Ándale pues, tenemos que tomar un vuelo a Caracas.

Durante el vuelo, Javier lee y lee la última carta de su tío.

—¿Quién es Lola? ¿Es la esposa° de don Rafael Pérez? ¿Es su hija?— pregunta Javier a Enrique mientras aterriza el avión.

—¿Por qué tienes tanto interés en Lola? ¿Qué pasa con Beatriz o ya la has olvidado?°— dice Enrique en broma—. ¿Te crees° un don Juan?

**Te...pueda** I will write you when I can

**se pone de puntillas** stands on tiptoes

**esposa** wife

**has olvidado** have you forgotten
**¿Te crees...?** Do you think...?

27

—No, claro que no— responde Javier, sonrojándose.°    **sonrojándose** blushing
—Pero, a fin de cuentas,° vale la pena conocer a varias    **a fin de cuentas** after all
muchachas. Así, uno tiene a muchas de que escoger.
—De acuerdo. Sólo hay que convencer a las muchachas.
—Sí, sí, sí. Puedes burlarte de mí pero quiero saber
quién es Lola. Pues, mi tío ni escribió su apellido ni
nada— murmura Javier, mirando la hoja arrugada.°    **hoja arrugada** wrinkled page
—Primero, tenemos que encontrar a don Rafael Pé-
rez— dice Enrique. Caminan a un puesto de información y Enrique pregunta a la muchacha:
—¿Cómo puedo encontrar a don Rafael Pérez? No
tengo su dirección, sólo sé que lo puedo encontrar en el
aeropuerto Maiquetía.
—¿Cómo voy yo a saber eso?— responde ella descor-
tésmente.° Hay miles de personas en este aeropuerto.    **descortésmente** rudely
Estoy muy ocupada y no puedo molestarme° con tonte-    **molestarme** to bother myself
rías.— Ella les da la espalda y empieza a hablar por
teléfono. Enrique y Javier se miran, ambos están sor-
prendidos.
—La próxima vez, pregunta tú— dice Enrique.
—¡Qué mujer tan brava!°    **brava** grouchy
—De veras. Vamos a preguntar si don Rafael trabaja
en una de las aerolíneas— dice Javier y se acerca a un
señor alto, de uniforme azul.
—Perdón, señor. Estoy buscando al Sr. Rafael Pérez.
¿Me puede usted ayudar?— le pregunta.
—Je ne sais pas. Je ne parle pas espagnol— contesta
el hombre.
—¿Cómo?
—Es francés; dice que no sabe y que no habla espa-
ñol— explica Enrique.
—Oh. Pues, ¿qué hacemos?— pregunta Javier.
—No sé, pero tengo hambre. Vamos a comer algo—
sugiere Enrique, dándose un golpecito en el estómago.°    **dándose...estómago** patting himself on the stomach
Encuentran un restaurante y piden dos refrescos y
dos empanadas.° Tratan de pensar en cómo encontrar a    **empanadas** little meat pies
don Rafael y a Lola, pero el ruido de una discusión
fuerte entre dos señores los interrumpe.
—¡Eres un viejo loco!— grita un hombre calvo y
gordo.

—¡Lo voy a hacer y nadie me puede decir que no!—
exclama un hombre delgado con barba y pelo cano. °   **pelo cano**  gray hair
—Rafael, ya no eres joven. Y en segundo lugar, es
una locura° pensar llevar a Lola— dice el hombre calvo.   **locura**  madness
—No es ninguna locura. La he llevado° en todos mis   **he llevado**  I haven taken
viajes. Y la voy a llevar esta vez, al Salto de Ángel. °   **Salto de Ángel** Angel
—Pero, es vieja...— insiste.   Falls
—¡Vieja! ¡Vieja! ¿Cómo puedes insultar a mi Lola?—
grita el hombre delgado. Furioso, se para y sale del
restaurante.
—¿Oíste? °— pregunta Enrique a Javier.   **¿Oíste?**  Did you hear?
—Sí. Sigamos° a ese hombre. Tiene que ser don   **Sigamos**  Let's follow
Rafael. ¿Quién más llamado Rafael va a hablar de Lo-
la?— responde Javier.

Los dos se paran y salen del restaurante sin comer las
empanadas ni tomar los refrescos. Miran por todos lados pero no ven al señor.

Enrique se asoma a la ventana y exclama:

— ¡Mira! ¡Está afuera!

Ambos muchachos corren afuera exactamente en el
momento en que el hombre sube a un taxi.

Rápidamente, Javier llama a un taxi libre y dice:

—Siga a ese taxi enfrente de nosotros. El amarillo con
verde.

—¿Qué?— pregunta el taxista, riéndose.

—Le pagamos 10 bolívares° extra— dice Enrique.   **bolívares**  currency of Ve-
—¡Vámonos pues!— exclama el taxista.   nezuela

Siguen al taxi por el aeropuerto hasta llegar a unos
hangares. El primer taxi se para; el hombre sale y camina rápido a un hangar. El segundo taxi se para y
Javier y Enrique, después de pagar al taxista, salen
corriendo detrás del hombre delgado.

En el hangar ven aviones pequeños. Son avionetas
particulares.° Unos hombres trabajan en una avioneta   **particulares**  private
vieja.

—¿Está listo todo?— pregunta el hombre delgado.

—Sí, señor Pérez, pero...

—Está bien. Me voy ahora— afirma y entra en la
avioneta.

—¡Momento!— gritan Javier y Enrique. Corren hacia
la avioneta.

La avioneta sale del hangar. Una vez afuera y en la pista,° el hombre arranca° los motores. Javier y Enrique corren aún más rápido hasta alcanzarla.

*pista* runway
*arranca* starts

—¡Sr. Pérez! ¡Sr. Pérez!— grita Javier haciendo señales con los brazos como un pájaro loco.

El hombre se asoma por la ventanilla del compartimiento del piloto. La abre y grita:

—¡Súbanse! ¡Súbanse! No los oigo bien.

Inmediatamente, Enrique y Javier abordan el avión y momentos después, están volando° sobre Caracas.

*volando* flying

1. ¿Por dónde buscan los muchachos a don Rafael?
2. ¿Quiénes interrumpen la conversación de Javier y Enrique?
3. ¿Por qué sale el hombre delgado del restaurante?
4. ¿Qué prometen Enrique y Javier al taxista? ¿Por qué?
5. ¿Dónde alcanzan los muchachos a don Rafael?

# 11  Peligro en el cielo

—¿Quién eres tú? Y, ¿por qué me interrumpes en un momento tan importante?— pregunta el hombre en voz fuerte y enojada.

—Perdón, Sr. Pérez. Es que no sabía...— dice Javier mientras respira profundamente. —Soy el sobrino de don Augusto Raimundo Solano y vengo para recoger una pieza de ajedrez de ónix negro. Mi tío murió hace unas semanas y...

—Ah, don Augusto— interrumpe el Sr. Pérez, —lo siento mucho. Era muy buena persona. Nos acompañaba° a mí y a Lola en algunos de nuestros viajes. Era muy simpático. Pero, joven, no tengo la pieza aquí. Está en el hangar. En todo caso,° tú tienes que acompañarnos el resto de este viaje.

—¿Adónde vamos?— pregunta Enrique. Habla tan fuerte que asusta° al señor.

—¡Ay! ¡Válgame Dios! Y, ¿quién eres tú?

—Me llamo Enrique. Soy amigo de Javier.

—Bueno, bueno. Lola y yo los saludamos. Y, bienvenidos a nuestro viaje al Salto de Ángel, la caída de agua° más alta del mundo.

—¿Lola?— pregunta Javier mirando por todos lados. No ve a nadie más en el pequeño avión.

—Sí, Lola, mi fiel° amiga y compañera— exclama el hombre de pelo cano. Tiene una expresión de cariño° en la cara.

—¿Lola es la avioneta?— pregunta Enrique. Sonríe pero el Sr. Pérez no lo puede ver.

acompañaba  accompanied

En todo caso  At any rate

asusta  startles

caída de agua  waterfall

fiel  faithful

cariño  affection

—Pero, ¿no dijo alguien que ella es vieja?— pregunta Javier inocentemente.

El Sr. Pérez casi explota. Grita en voz alta:

— ¿Oíste, Lola? ¡Otra persona que te insulta! ¡Vieja! Javier, la edad no se basa° en los años; se basa en el espíritu. Y Lola tiene espíritu joven.

**no se basa** is not based

—No quiero insultarla— explica Javier.

—Está bien. Lola comprende. Ella sabe bien si uno es amigo o enemigo. Ella y tu tío hicieron amistad inmediatamente— cuenta el hombre viejo mientras pilotea la avioneta.

Enrique y Javier se asoman por la ventanilla. Abajo ven montañas altas cubiertas de selvas.

—A ver, Lola. ¡Vamos a mostrarles a estos muchachos qué tan joven eres!— exclama el Sr. Pérez. Sus ojos brillan con emoción. Pilotea la avioneta con destreza.° Hace sobresaltos,° va de lado, baja rápido hacia la tierra y luego sube.

**destreza** skill<br>**sobresaltos** somersaults

Javier y Enrique se miran; están pálidos° del susto. Pero el Sr. Pérez está contento y, con mucho cariño, dice:

**pálidos** pale

—Ah, Lola. ¡Eres tan joven como siempre!—

De repente, el motor empieza a hacer ruidos curiosos, como alguien que tiene tos° fuerte.

**tos** cough

—¿Qué pasa?— pregunta Enrique, temblando.

—Nada, nada— responde el Sr. Pérez. Aprieta° botones y jala palos° furiosamente. Todo queda en silencio y la avioneta empieza a bajar más y más rápido.

**Aprieta** He pushes<br>**palos** sticks

—¡Válgame Dios! ¿Qué te pasa, Lola?— pregunta el hombre con lágrimas en los ojos.

Javier cierra los ojos y no respira. Enrique está inmóvil. Mira por la ventanilla. Las montañas se acercan más y más rápido. Afuera, el viento silba° fuertemente.

**silba** whistles

Al último momento en que podrían salvarse,° los motores vuelven a arrancarse. El Sr. Pérez jala un palo y otra vez, Lola sube al cielo.

**salvarse** save themselves

Por fin, todos dan un gran suspiro de alivio,° aunque siguen temblando.

**alivio** relief

—Ay, Lola. ¡Qué susto me diste!° Nunca has hecho° esto. Nunca. ¿Qué te pasa?— dice el Sr. Pérez suavemente. Tiene una expresión de dolor° y de tristeza.

**me diste** you gave me<br>**Nunca has hecho** You<br>  have never done<br>**dolor** pain

—Tal vez sí, ya somos viejos. Todos tienen razón.° Ya somos viejos.

**tienen razón**  are right

Continúan el viaje en silencio sobre las montañas y luego sobre los llanos.° Pasan sobre el Río Orinoco hasta aterrizar en el aeropuerto de Ciudad Bolívar.

**llanos**  plains

Deciden ir a un hotel y descansar. El Sr. Pérez está triste. No quiere comer; sólo repite:

—Ya somos viejos. ¿Cómo es posible? Ya somos viejos.

Va a su cuarto temprano para acostarse. Enrique y Javier cenan en un restaurante. Comen un plato de sancocho,° arepas,° pabellón,° frutas y café. Después de la cena, Enrique dice:

**sancocho**  a thick soup
**arepas**  a flat, toasted corncake
**pabellón**  dish of shredded meat, rice, beans and fried plantain

—Sé que el Sr. Pérez era amigo de tu tío, Javier. Pero después de lo que pasó hoy, no quiero ir a ninguna parte con él ni con Lola.

—Yo tampoco. Y mucho menos quiero ir al Salto de Ángel con él. No soy bueno para la natación— comenta Javier.

—Sólo pensar en Lola me da piel de gallina.

**piel de gallina**  goosebumps

—Sin embargo, me da mucha lástima. El Sr. Pérez quiere mucho a su avioneta. Además, si no regresamos a Caracas con él, ¿cómo vamos a recoger la pieza de ajedrez?— dice Javier.

—No sé, no sé. Pero no vale la pena morirnos para encontrar un pedazo de ónix negro— insiste Enrique.

—Sí, pero... Bueno. Podemos hablar con el Sr. Pérez mañana. ¡Pobre señor! No quiere aceptar que ya es viejo.— Javier da un fuerte suspiro grande.

1. ¿Adónde van Enrique y Javier con el Sr. Pérez?
2. ¿Cómo habla don Rafael de Lola?
3. ¿Quién es Lola?
4. De repente, ¿qué pasa con la avioneta?
5. ¿Por qué se pone triste el Sr. Pérez?

# 12   Un museo para don Rafael

A las siete y media de la mañana, Enrique y Javier están
sentados en la sala del hotel. Tienen expresiones de
tristeza en la cara.

—No sé cómo decirle al Sr. Pérez que no vamos a
continuar el viaje con él— dice Javier.

—Yo tampoco. Pero ni de chiste° vuelvo a subir en su
avioneta— comenta Enrique.

**ni de chiste** no way, not on your life

—No se preocupen, jóvenes— dice la voz del Sr.
Pérez por detrás de ellos. —Vamos a regresar a Caracas
en otro avión.

—¿No va usted a ir al Salto de Ángel?— le pregunta
Enrique, asombrado.

El hombre se pone triste y suspira. Mira el suelo y
dice:

—No. Lola y yo somos viejos ya. Lola no funciona
bien y es peligroso volar en un avión viejo.

—Pero, usted siempre puede comprar otra avioneta y
hacer el viaje sin peligro— sugiere Javier.

—¡No!— exclama el señor. —Yo no vuelvo a pilotear
ningún otro avión. No. Si no llevo a Lola al Salto de
Ángel, nunca iré.°— Después de explicar esto, una lágrima le sale de los ojos.

**nunca iré** I shall never go

—Entonces, ¿qué le va a pasar a Lola? ¿No tiene ella
algún valor° histórico?— pregunta Enrique.

**valor** worth

—¿No hay un museo° de avionetas viejas donde Lola
pueda° estar a la vista del público? Y, ¿quién sabe?
Quizá ella inspirará° a un joven a hacerse piloto. En
todo caso, les interesará a los historiadores° de la aviación, ¿no?— pregunta Javier, muy animado.

**museo** museum
**pueda** can
**inspirará** will inspire
**historiadores** historians

34

Los ojos del Sr. Pérez empiezan a brillar. Se le anima la cara. Empieza a pensar y dice:

—No sé de tal museo. Pero no hay ninguna razón por la cual no pueda empezar yo mi propio museo. Tengo muchos amigos interesados en la aviación. Ellos pueden ayudarme a establecer° un museo. ¡Claro! ¡Qué magnífica idea!— Se alegra y le da una palmada° a Javier.

—Vámonos, jóvenes. Tenemos que regresar a Caracas rápido. Tengo mucho que hacer. Hay mucho que planear, mucha gente con quien hablar...

Javier y Enrique se miran. No pueden decir ni una sola palabra en todo el regreso a Caracas; pues el Sr. Pérez no deja de hablar sobre su museo de aviación. En el hangar del aeropuerto Maiquetía, les da la pieza de ajedrez: un peón. Al despedirse de los muchachos, dice:

—Cuando regresen° a Venezuela, pueden visitar a Lola en el museo. Y, jóvenes, nunca se olviden de que la edad no se basa en los años sino en el espíritu.

—Nunca lo olvidaremos°— dicen ambos muchachos y regresan al edificio principal del aeropuerto. Se sientan en una banca y miran la pieza de ajedrez que les dio el Sr. Pérez. Escrito en el fondo están las palabras: Asunción: Srta. Josefina Malacara.

—Ah, vamos al Paraguay. Javier, ¿hablas tú guaraní?— le pregunta Enrique a su amigo.

—¿Por qué? ¿No hablan español en el Paraguay?

—Sí, claro, pero el otro idioma importante es el guaraní. Casi la mitad° de los paraguayos° hablan guaraní o, por lo menos, lo entienden— explica Enrique.

—Bueno, entonces, ¿qué esperamos? ¡Vamos a Asunción!

1. ¿Por qué están tristes Enrique y Javier por la mañana?
2. ¿Por qué no va don Rafael al Salto de Ángel?
3. ¿Cómo sabes que Lola es muy importante para don Rafael?
4. ¿Por qué tienen que regresar todos a Caracas?
5. ¿Cuáles son los idiomas que hablan los paraguayos?

---

**establecer** to establish

**palmada** pat on the back

**regresen** you return

**Nunca lo olvidaremos** We will never forget it

**mitad** half
**paraguayos** Paraguayans

# 13 Culebras, drogas y un francés

Al día siguiente, Enrique y Javier llegan a la casa de la señorita Josefina Malacara en Asunción, Paraguay. Durante el viaje por avión a Asunción se imaginaron° que ella sería una señorita vieja, dulce y gorda que seguramente conoció al tío de Javier en un campeonato de ajedrez.

Los muchachos tocan a la puerta y esperan unos minutos. Pero nadie abre. Vuelven a tocar a la puerta. Por fin, contesta una mujer baja, vestida de camisa y pantalones. Alrededor del cuello,° lleva una culebra° gruesa° y larga.

—¿Qué quieren ustedes?— pregunta la mujer con una voz baja y resonante.

Javier la mira. Está tan sorprendido que no sabe qué decir. Por fin, dice:

—Permítame presentarnos. Me llamo Javier Solano y éste es mi amigo Enrique Pereda. Mi tío Augusto...—

—Sí, sí, ya sé. Ayer recibí un cablegrama° del abogado diciendo que él murió y que tú vendrías a recoger la pieza de ajedrez. Tengan la bondad° de entrar. Yo estoy dándole de comer a Fulgencio. Vengan conmigo.

Los muchachos siguen a la señorita delgada y morena a un cuarto grande lleno de jaulas° y acuarios.° La Srta. Malacara le da un ratón a la culebra que lo come de un trago.° Con mucho cariño, ella pone la culebra en su jaula y dice:

—Fulgencio es mi culebra favorita. La capturé en una expedición al Chaco, la región occidental° del Para-

se imaginaron  they imagined

cuello  neck
culebra  snake
gruesa  thick

cablegrama  telegram

Tengan la bondad  Be so kind as to

jaulas  cages
acuarios  aquariums

trago  swallow

occidental  western

36

guay. [1] Soy especialista en la herpetología° y, además, me gustan mucho los animales. Tengo de todos.

—¡Qué monstruo! ¿Es peligrosa?— exclama Javier.

—Sólo si no le doy de comer— dice la mujer mientras les da comida a los otros animales. —En este acuario, tengo unos pececitos.° Se llaman Romeo, Julieta y Guillermo. Pon tú° esta carne en el acuario, Enrique.

Enrique toma la carne y la deja caer° en el agua. Instantáneamente, los tres peces la devoran.°

—¡Qué barbaridad! ¡Qué dientes tienen!— exclama Javier; sus ojos son del tamaño° de un plato.

—Para comerte mejor— responde la señorita, sonriendo. —Son caribes que también se llaman piranas. Son del Paraguay aunque no son muy comunes aquí.

Un señor bajo y gordo entra en el cuarto y exclama:

—Mademoiselle, el hormiguero° no quiere comer.

—Con permiso— dice ella, y sale con el hombre bajo.

—Nos equivocamos.° Ella no es muy vieja— dice Enrique

—Tampoco es muy dulce— comenta Javier. Miran las jaulas. En una está una víbora coral;° en otra, una boa.

La señorita regresa al cuarto. Murmura:

—Este Pierre nó comprende a los animales. Hay que hablarle con cariño a Cristina antes de darle de comer. La pobrecita es muy nerviosa. Pero Pierre no entiende.— La señorita se acuerda de que los dos muchachos están presentes y dice en voz alta:

—Enrique y Javier, ¿les puedo ofrecer algo de tomar? A esta hora, siempre tomo una taza° de yerba mate. [2]

—Sí, cómo no. Usted es muy amable— dice Javier.

Mientras toman la yerba mate, la bebida nacional del Paraguay, la Srta. Malacara les habla de su trabajo y les cuenta como conoció a don Augusto durante una expedición de caza en el Chaco. Está describiendo como mató° un jaguar con la ayuda de don Augusto cuando entran cuatro hombres uniformados. Sacan sus revólve-

**herpetología** herpetology (study of reptiles and amphibians)

**pececitos** little fish

**Pon tú** Put

**deja caer** drops

**devoran** devour

**tamaño** size

**hormiguero** anteater

**Nos equivocamos** We were mistaken

**víbora coral** coral snake

**taza** cup

**mató** she killed

---

[1] The Chaco region is a sparsely populated, flat, barren area of Paraguay, covered with marshes and thick scrub forests. It is the chief cattle-raising area.

[2] *Yerba mate*, the national Paraguayan drink, is usually taken between meals and is made by pouring water (boiling or cold) over the *mate* leaves.

res y los apuntan al grupo. El líder, un hombre con una cara feroz, demanda:

—¿Dónde está? Sé que está aquí.

La señorita se enoja mucho. La cara se le pone roja. Mirando a los cuatro, grita:

—¿Quiénes son ustedes que entran aquí sin tocar? No voy a tolerar esto. Sálganse° de aquí inmediatamente.

—Siéntese y cállese— responde uno de los hombres. —Somos miembros de una organización internacional que investiga a personas que preparan y venden drogas.°

—No lo creo. No es posible. Sálganse de mi casa o voy a llamar a la policía— dice ella.

—Oye, Juan— exclama uno de ellos, —un criminal nos dice que va a llamar a la policía. Señorita, usted es muy chistosa.

De repente, Pierre entra con un rifle. Alrededor del cinturón están atadas unas bolsas grandes.

—No me van a capturar nunca— grita como un loco. —Tengo un buen negocio° vendiendo° heroína y no me lo van a destruir. ¡Dejen caer los revólveres o los mato a todos!

Los cuatro hombres tiran los revólveres al suelo. Enrique y Javier miran a Pierre con asombro. Todo les parece un sueño fantástico.

—¡Levanten° las manos!— grita Pierre en una voz terrible. —Y entren al otro cuarto. Vamos a ver qué tanto les gustan los animales, sobre todo las culebras.

**Sálganse** Get out

**drogas** drugs

**negocio** business
**vendiendo** selling

**¡Levanten...!** Raise...!

1. ¿Cómo se imaginaron Javier y Enrique a la señorita Malacara?
2. ¿Quiénes son Romeo, Julieta y Guillermo?
3. ¿Qué es la yerba mate?
4. ¿Qué investigan los hombres uniformados?
5. ¿Qué pasa cuando entra Pierre con un rifle?

# 14 La culebra muerde

Pierre los amenaza con el rifle y vuelve a gritar:
—Entren, entren. Rápido.
—¡Pierre! ¿Qué te pasa?— pregunta la señorita muy sorprendida. —¿Tú vendes drogas? ¿De mi casa las vendes? ¡Es increíble! No lo sabía.
—Cállate, Josefina y entra en el cuarto. Nunca supiste° de mi negocio porque soy muy listo.° A ti sólo te importan los animales.

**Nunca supiste** You never knew
**listo** clever

Todos entran en el cuarto de las jaulas y los acuarios y se paran junto a una pared. El francés los mira con una sonrisa diabólica en los labios. Con el rifle, cuidadosamente abre la jaula de la víbora coral, una culebra venenosa.°

**venenosa** poisonous

La culebra roja, negra y amarilla no se mueve de la jaula. Se queda inmóvil.
—¡Salte!°— grita el hombre y le da un golpe a la jaula con el rifle. Pero la culebra no se mueve.

**¡Salte!** Get out!, Leave!

Pierre se enoja. Mientras apunta el rifle al grupo, golpea° la jaula con la mano. Grita:

**golpea** he hits

—¡Salte, miserable culebra! ¡Salte!
Repentinamente,° la culebra se mueve de lado y muerde° la mano del francés. Con un grito de dolor y de susto, Pierre tira el rifle al suelo.

**Repentinamente** Suddenly
**muerde** bites

Rápidamente, uno de los hombres agarra a Pierre, pero la culebra, que ha salido de la jaula, muerde la pierna del investigador. Él también da un grito de susto y dolor.
—No se muevan para nada— ordena Josefina sin quitar los ojos de la culebra.

La víbora coral empieza a acercarse al grupo junto a la pared. Culebrea° lentamente hacia Javier. Va sobre los pies y forma un círculo alrededor de él. Javier, con la cara cubierta de sudor,° no mueve ni un músculo.

**culebrea** slithers

**cubierta de sudor** covered with sweat

De repente, Josefina coge la culebra detrás de la cabeza y la mete° en la jaula. Dice:

**la mete** puts it

—Ahora, sí, pueden moverse. ¿Cómo estás, Javier?

—Bastante asustado, pero bien— responde, temblando.

—¡Ay! ¡Ay, Dios mío! Voy a morir— grita Pierre. Unas lágrimas le salen de los ojos.

—Primero, lo llevamos al hospital y luego a la cárcel— dice el líder del grupo.

La Srta. Malacara mira la mano de Pierre y la pierna del investigador y dice:

—Cada vez que una culebra muerde a alguien, no inyecta° necesariamente el veneno. Hay que esperar seis horas para ver si el veneno le va a afectar el sistema nervioso.— Ella va a un gabinete y saca una botella.

**inyecta** injects

—Aquí está el suero,° por si acaso la culebra les inyectó el veneno. Hay suficiente para dos hombres.

**suero** serum

—Gracias. Llevamos mucho tiempo° tratando de capturar a este hombre. Vámonos— dice el líder y sale con los otros y con el prisionero.

**Llevamos mucho tiempo** We have spent a long time

Muy calmada, la señorita les dice a Javier y a Enrique:

—¿Terminamos nuestro té? Insisto en que ustedes se queden° a cenar. Graciela, la criada, está preparando un guiso° sabroso.

**Insisto...queden** I insist that you stay
**guiso** dish of browned rice, meat, with onion, garlic and tomato

—Con mucho gusto— responde Javier. Su voz todavía tiembla de nervios.

Antes de la cena, la señorita les muestra ejemplos del encaje° distintivo del Paraguay, llamado ñandutí. Luego, ella habla de la historia del Paraguay.

**encaje** lace

Después de tomar un vaso de agua al final de la cena,[1] Josefina le da a Javier una torre° de ónix.

**torre** castle, rook

—No sé por qué a las personas les gusta jugar al ajedrez. Es un juego demasiado tranquilo para mí— co-

[1] It is a Paraguayan custom to drink water after the meal. If a guest does not care for more to eat, he can explain that he has already drunk water.

menta ella. Mira la hora y los ojos se le ponen grandes.

—Con permiso. Otra vez tengo que darle de comer a mis animalitos. Pobrecitos.

—Cómo no— responde Enrique mientras Javier examina la torre negra. Ve una nota en el fondo: Buenos Aires, teniente° Florencio Rosa.

La señorita regresa al cuarto y exclama:

—¡Van a la Argentina! Estuve° allá el año pasado por tres semanas. Me encanta Buenos Aires y también los porteños.° Creo que hay un vuelo mañana con destino a Buenos Aires.

—Espero que sí. Enrique y yo debemos ir a un hotel para hacer los arreglos— dice Javier.

—No, no, no. Insisto en que pasen° la noche aquí. No van a ir a ningún hotel— dice Josefina firmemente.

—Gracias, es muy amable— dice Javier mientras piensa en ahorrar° dinero para poder regresar a Costa Rica al fin del viaje.

Josefina se sienta en el sofá y suspira:

—¡Ay, Dios mío! Mañana tengo que buscar un asistente nuevo. Nunca sospeché que Pierre vendiera drogas. Pero, eso sólo prueba que uno puede tener más confianza° en los animales que en las personas. Javier, ¿te gustaría° trabajar con mis víboras?

Javier se pone pálido y responde inmediatamente:

—No, no, gracias. Prefiero terminar mi carrera de Derecho en la universidad y trabajar con las personas. Las personas también son peligrosas, pero no muerden.

1. ¿Por qué se enoja Pierre con la víbora coral?
2. Cuando Pierre golpea la jaula con la mano, ¿qué hace la víbora coral?
3. ¿Qué les da la Srta. Malacara a los hombres antes de llevar a Pierre a la cárcel?
4. ¿Por qué tiembla Javier después del incidente?
5. ¿Van a morir Pierre y el investigador?

**teniente** lieutenant

**Estuve** I was

**porteños** citizens of Buenos Aires

**Insisto en que pasen** I insist that you spend

**ahorrar** saving

**confianza** confidence

**te gustaría** would you like

42

# 15  Un viajecito a Oruro

Durante la siguiente semana, Enrique y Javier primero encuentran una pieza de ajedrez en Buenos Aires y luego encuentran una en Santiago, Chile. Allí, hablan con un muchacho universitario que participa en un secreto movimiento revolucionario. Él les da la pieza con una carta de don Augusto.

—¿Qué dice la carta?— pregunta Enrique ansiosamente.° —Quiero salir de Chile antes de que nos cojan la policía° por ser revolucionarios extranjeros.°

—A ver. Tenemos que ir a La Paz, Bolivia y hablar con un minero° llamado Arturo Mendoza. Vámonos, pues tampoco quiero quedarme aquí más tiempo— exclama Javier.

Cuando los dos muchachos se despiden del joven revolucionario, él les dice:

—Que les vaya bien. Y si algún día regresan a Santiago, estoy a sus órdenes.

—Gracias, adiós— dicen Javier y Enrique.

—Adiós. Y, ¡no se desmayen en La Paz!

En camino al aeropuerto, Javier pregunta:

—¿Por qué piensa que vamos a desmayarnos en La Paz?

—Pues, como La Paz está tan alta en las montañas, muchas personas tienen dificultad en respirar— le explica Enrique.

Al poco tiempo, los dos muchachos van volando sobre los Andes. Se acercan mucho a las montañas para aterrizar en el aeropuerto El Alto de La Paz. Enrique cierra los ojos para no poder verlas.

**ansiosamente** anxiously

**antes...policía** before the police catch us
**extranjeros** foreign

**minero** miner

43

—Dime° cuando pueda abrir los ojos— dice a Javier.

—Ábrelos.° ¡Mira! Allí está el Lago Titicaca [1] a la izquierda— exclama Javier. —Y veo un barco de carga.°

Pero, cuando Enrique abre los ojos, el avión está bajando a la tierra. Los dos oyen un silbido fuerte porque el avión tiene dificultad en pararse a esa altura. Por fin, se para y bajan todos los pasajeros.

Después de recoger sus maletas, Javier y Enrique buscan la dirección del Sr. Arturo Mendoza en el directorio telefónico. La encuentran y sin problemas, toman un taxi a la casa del minero boliviano.

—Si todo sigue así no vamos a tener ningún problema en regresar a buen tiempo a la universidad. Sólo nos queda una semana— comenta Enrique mientras llama a la puerta del Sr. Mendoza.

Una mujer india que lleva el sombrero típico de Bolivia y un aguayo° de muchos colores, contesta. Les dice en voz fuerte:

—El Sr. Mendoza no está en casa. Está en Oruro en la mina de estaño.°

—¿Cómo podemos ir allá? Es urgente— pregunta Javier. —No tenemos mucho tiempo.

—Bueno, el aeropuerto de Oruro está cerrado porque están haciendo reparaciones en la pista. Tampoco, el tren funciona porque los conductores están en huelga.° Tienen que ir en auto. Es un viajecito de ocho horas— explica la mujer.

—¡Ocho horas!— exclaman los dos.

—¡Ay, caramba! ¡Ida y vuelta° son dieciséis horas en total!— grita Javier. —Pues, muchas gracias por su ayuda, señora.

—De nada— responde ella.

Rápidamente, los dos muchachos van a una estación de taxis. Prometen pagar extra al taxista para llevarlos a Oruro. Por fin, el taxista dice que sí los llevará.

En el viaje a Oruro, ven grupos de indios en la carretera. Cada uno tiene una llama que carga° paquetes.

—Posiblemente van al mercado en La Paz— dice En-

**Dime** Tell me
**Ábrelos** Open them
**barco de carga** cargo ship

**aguayo** shawl

**estaño** tin

**en huelga** on strike

**¡Ida y vuelta...!** Round trip...!

**carga** carries

---

[1] Lake Titicaca, 138 miles long and 70 miles across at the widest point, is situated at an elevation of 12,508 feet. The boundary line between Bolivia and Peru passes lengthwise across the lake.

rique. Bosteza° porque no durmió la noche anterior. **Bosteza** He yawns
Javier saca su diario y escribe todas las impresiones
de sus experiencias en Chile. También escribe una carta
a Beatriz, la fotógrafa de Costa Rica.

El taxista empieza a hablar de Oruro:

—La vida de un minero es muy difícil. Los mineros
trabajan muchas horas y en malas condiciones. Pero se
divierten mucho durante el carnaval cuando se visten° **se visten** they dress
de diablos y bailan por tres días. [2] El baile es una mez-
cla° de la religión católica y de las tradiciones indias. **mezcla** mixture
Yo lo sé porque de noche soy estudiante de antro-
pología.

—Es muy interesante— murmura Javier y trata de
escuchar y escribir a la misma vez.

El taxista sigue hablando por seis horas hasta llegar a
Oruro. Cuando llegan, ya es de noche. Los lleva directamente a la mina de estaño. Los muchachos se bajan y
preguntan por el Sr. Arturo Mendoza.

Pero los hombres contestan en aymara, el idioma de
los indios.

—¡Ay, Dios mío! ¿Qué más puede pasar?— exclama
Enrique. —Primero, tenemos que hacer un viaje largo y
después nadie nos entiende cuando llegamos. ¡Y no
tenemos mucho tiempo!

1. ¿Por qué quieren salir de Chile Enrique y Javier?
2. ¿Por qué es posible desmayarse en La Paz?
3. Desde el avión, ¿qué ve Javier?
4. ¿Dónde está el Sr. Mendoza? ¿Qué hace él?
5. ¿Cómo es la vida de un minero según el taxista?

---

[2] **The carnival at Oruro is the most famous of Bolivia. The Devil Dancers (men dressed up in costumes to represent the devil) are a combination of Indian lore and the teachings of Christianity.**

# 16   En la mina

—Siempre tenemos problemas— dice Javier, mirando° a los mineros. —Hay que hacer las cosas con calma. Sí vamos a buscar al Sr. Mendoza. No te preocupes, mejor lo encontramos tarde que nunca.

Pero, cuando mira a Enrique, ve que él se desmayó.

—Seguramente le afecta la altitud— comenta un hombre bajo y fuerte con una cara redonda.° Levanta a Enrique del suelo y lo lleva a una oficina. Lo pone encima° de una mesa.

Enrique vuelve en sí° y dice:

—¿Qué pasó? ¿Dónde estoy?

—No se preocupe— dice el hombre. —Le ha afectado la altitud, nada más. Tome° esto.— Le da una taza de té caliente a Enrique. Mira a los dos y dice:

—Ustedes no son mineros. ¿Qué hacen aquí?

—Estamos buscando al Sr. Arturo Mendoza. Soy Javier Solano y tengo que recoger una pieza de ajedrez.— Explica todo el cuento de las piezas de ajedrez y de la prisa que tienen para regresar a México.

El hombre, sólo se ríe. Se ríe tanto que tiene lágrimas en los ojos.

—¿Qué es tan chistoso?— pregunta Javier, que no ve nada chistoso en la situación.

—Nada, en realidad. Es que el Sr. Mendoza salió hoy para La Paz. Terminó° su trabajo y regresó para asistir a° una conferencia de la minería.

—¡Caramba! Más problemas— exclama Enrique exasperado.

**mirando**  looking

**redonda**  round

**encima**  on top of
**vuelve en sí**  comes to

**Tome**  Drink

**Terminó**  He finished
**asistir a**  to attend

46

—No hay problema. Anselmo, mi asistente, puede llevarlos a La Paz mañana temprano— dice el hombre calmadamente.

Javier da un suspiro y dice:

—¡Qué suerte tenemos!

—No hay problema— insiste el hombre. —Pueden pasar la noche aquí. Tengo unos catres; ustedes pueden dormir en la oficina.

—Muchas gracias— responde Javier y ayuda al hombre a sacar los catres.

Cuando el hombre sale de la oficina, les dice:

—Anselmo estará° aquí a las seis de la mañana para llevarlos a La Paz.

estará will be

Javier se acuesta en el catre. Ve que Enrique ya duerme profundamente. Apaga la luz y piensa en los eventos de todo el viaje hasta dormirse.

A la siguiente mañana, ambos jóvenes se despiertan al oír el motor de un camión afuera. Se levantan, ponen los catres en su lugar y salen afuera. Con prisa, suben al camión.

Después de viajar seis horas por la carretera serpentina° y estrecha° de las montañas, oyen una explosión grande. Con toda su fuerza, Anselmo trata de controlar el camión que zigzaguea° por la calle. Logra parar° el camión momentos antes de chocar con la montaña.

serpentina winding
estrecha narrow

zigzaguea zigzags
Logra parar He manages to stop

—La llanta se reventó°— exclama el chofer al bajar del camión.

se reventó blew out

Los tres cambian la llanta con mucha dificultad porque no tienen los implementos° necesarios. Cuando por fin vuelven a subir al camión, están muy sucios. Enrique empieza a preocuparse porque habían tomado° dos horas y media para cambiar la llanta.

implementos tools

habían tomado they had taken

Después de un viaje de diez horas y media, llegan a la casa del Sr. Mendoza en La Paz. Tocan a la puerta y, como la vez pasada, contesta la mujer india.

—Ay, perdón— dice ella. —El Sr. Mendoza acaba de salir para Oruro. Hay una emergencia allá.

Javier no sabe qué decir. Siente mucha frustración. ¡Otro viaje a Oruro!

—Pero— continúa ella, —él dejó esta caja para Javier Solano. Dijo que siente mucho no poder verlo.°

siente...verlo he's sorry he couldn't see you

Dijo que lo siente mucho que no ver. you

47

—Gracias— dice Javier, tomando la caja. Adentro está la pieza de ajedrez: un alfil.° **alfil** bishop

—Menos mal que no tenemos que regresar a Oruro— dice Enrique. —Ya conozco la ruta de memoria.

Javier saca la pieza y lee las palabras escritas en el fondo: Lima, Perú. Sra. Margarita Beltrán de Olvedo. Museo Nacional de Historia y Cultura.

—Vamos al Perú, el país de los incas y de las ruinas fabulosas como Machu Picchu— comenta Enrique.

—Sí y no— dice Javier. —Vamos a Lima. Las famosas ruinas están cerca de Cuzco, la antigua capital de los incas.

—Está bien. Andale pues, ya es tarde y tenemos que hacer los arreglos para ir a Lima— dice Enrique mientras señala un taxi. —Estoy seguro— continúa. —Vamos a tener mejor suerte de aquí en adelante.° **de aquí en adelante** from here on out

1. ¿Qué pasa a Enrique en la mina de estaño?
2. ¿Por qué tienen que regresar a La Paz los muchachos?
3. ¿Qué pasa al camión después de seis horas de viaje?
4. ¿Por qué toman tanto tiempo en arreglar el camión?
5. Después de todo, ¿recibe Javier la pieza de ajedrez?

# 17 Dientes y discos

Enrique y Javier pasan dos días en Lima, Perú y después se ponen en camino para Bogotá, Colombia.

—Tenemos solamente tres días para regresar a México— comenta Enrique.

—Sí. Menos mal que mi tío dejó las últimas dos piezas de ajedrez con el Sr. Gamboa, el locutor de radio.° **locutor de radio** radio announcer

—Es cierto. Ya no tendremos problemas en regresar a tiempo a la universidad.

El avión aterriza en el aeropuerto Eldorado. Hace mucho frío y está lloviendo fuerte.

—¡Huy, qué frío hace! Penetra hasta los huesos°— **huesos** bones exclama Javier mientras que los dos suben a un taxi.

—Casi siempre hace frío aquí— responde el taxista.

—Por eso, siempre llevo mi ruana° y tomo una copita **ruana** Colombian poncho de aguardiente° cada día. Soy de tierra caliente° y no **aguardiente** licorice brandy me gusta el clima frío. **tierra caliente** warm climate

El taxista luego prende° la radio. Están tocando mú- **prende** turns on sica bonita y él empieza a cantar. Cuando termina la canción, un hombre dice:

—Soy su locutor esta tarde, Álvaro Gamboa Ruíz. Antes de tocar el próximo disco,° tenemos un pequeño **disco** record anuncio. No puedes tener amigos si tus dientes° están **dientes** teeth amarillos. Límpiate° los dientes cada día con Colgate y **Límpiate** Brush tendrás una sonrisa bonita y encantadora. Recuerda: Colgate [1]— la mejor pasta de dientes° para tu sonrisa. **pasta de dientes** toothpaste

---

[1] Products from the United States are popular throughout Latin America. Everywhere, one can hear commercials for Quaker Oats, Chevrolet, Ford, Max Factor, Revlon, etc. Also one can find many products from Europe that are not commonly sold in the U.S.

49

Y, ahora, vamos a escuchar un disco favorito mío «Mi viejo» del cantante° argentino, Piero.

cantante singer

—¡Escucha, Enrique! El locutor se llama Álvaro Gamboa Ruíz. ¡Es él!— dice Javier y luego pregunta al taxista:

—¿Sabe usted dónde queda esa estación de radio?

—Sí, claro.

—Entonces, llévenos° allá— dice Javier.

llévenos take us

—Es increíble. Ahora, sí tenemos buena suerte— comenta Enrique.

En poco tiempo, Enrique y Javier llegan a la estación de radio. Bajan del taxi y van al último piso° del edificio alto y moderno.

último piso top floor

Cuando salen del ascensor,° van al escritorio de la recepcionista.

ascensor elevator

—Señorita, me llamo Javier Solano. Quiero hablar con el Sr. Gamboa Ruíz. Mi tío era un amigo de él— dice Javier.

—En este momento, el Sr. Gamboa está ocupado. Espere° aquí. Yo le digo que usted está aquí.

Espere Wait

Enrique y Javier se sientan en un sofá anaranjado° y esperan al Sr. Gamboa. Por fin, sale un hombre bajo y moreno. Mira a los dos y dice:

anaranjado orange

—¿Javier? Soy Álvaro Gamboa. Me dio mucha lástima oír de la muerte de tu tío. Seguramente quieres las piezas de ajedrez, ¿no?

—Sí, señor— responde Javier.

—Lo siento, pero las piezas están en mi apartamento en Medellín. Mi esposa y mis cuatro hijas están allá.— Javier se pone triste. La buena suerte cambió rápidamente.

—¿Qué hacemos?— pregunta Enrique.

—Pueden cenar conmigo— dice el Sr. Gamboa.

—Salgo de aquí en dos horas. Mientras tanto, Carmenza, mi secretaria, puede mostrarles la estación.

—Está bien. Muchas gracias— dice Javier y suspira. Mientras esperan a Carmenza, Javier comenta a Enrique:

—Mañana podemos tomar el avión a Medellín y luego regresamos a México.

—Buena idea— responde Enrique.

Pasan una tarde y una noche muy agradable. El Sr. Gamboa, después de salir del trabajo, les muestra partes de la ciudad. Primero, van a la Plaza de Santander en donde está el Museo de Oro.

—El Museo de Oro tiene muchos objetos de oro hechos° por los antiguos indios colombianos— les explica. hechos made

Después ven la Plaza Bolívar y los edificios del Gobierno, el Planteario° y la Plaza. de Toros Santa María. planetario planetarium

Cenan en un hotel lujoso° el Hotel Tequendama. El amable locutor les habla más de la Catedral de Sal en Zipaquirá [2] y les muestra su anillo° grande de esmeraldas° colombianas. Es la medianoche cuando Enrique y Javier se despiden del señor Gamboa Ruíz. Él les da la dirección de su apartamento en Medellín. lujoso elegant<br>anillo ring<br>esmeraldas emeralds

A la mañana siguiente, está lloviendo a cántaros.° Ambos muchachos se ponen sus chaquetas y van a la oficina de Avianca, aerolínea colombiana. lloviendo a cántaros raining cats and dogs

—Queremos tomar el próximo vuelo a Medellín— dice Javier a una señorita de uniforme azul oscuro.

—Lo siento, señor, pero no hay cupo° en los vuelos a Medellín hasta el jueves. Y, además, el aeropuerto está cerrado porque e! clima está muy malo y las condiciones están muy peligrosas. Pueden ir en tren— les dice. cupo space

Los dos dan un fuerte suspiro a la misma vez y van directamente a la estación de ferrocarriles.° estación de ferrocarriles railroad station

—Hay dos cupos para Medellín— les dice un vendedor de boletos. —El tren sale en cuarenta minutos.

—Está bien— dice Javier y paga los boletos.

Esperan lo que les parece mucho tiempo y por fin abordan el tren.

—El tren debe salir en dos minutos— comenta Enrique mirando su reloj.

Después de media hora, el tren sale para Medellín. Baja al valle donde hace mucho calor. Se acercan a un pueblito y el tren se para. Más pasajeros suben al tren. Otra vez esperan media hora. Luego llegan a otro pue-

---

[2] The Cathedral of Salt in the Zipaquirá salt mines is an impressive underground church which can hold up to 15,000 persons.

blito y otra vez se para el tren.

—¡Caramba!— dice Enrique. —Si continuamos así, nunca llegaremos° a Medellín.

**nunca llegaremos** we will never arrive

El tren continúa el viaje. Javier saca su diario y escribe sus impresiones de Bogotá.

Ya es de noche y el tren se para en un pueblito que no tiene luz eléctrica. Hace mucho calor y los pasajeros están sudados° y cansados. Dos niños empiezan a llorar. Inmediatamente, todos los demás niños lloran.

**sudados** sweaty

El tren espera una hora, dos horas, tres horas. Un hombre anuncia que están esperando que pase un tren de ganado.°

**esperando...ganado** waiting for a cattle train to pass

— ¡Caray! Javier, dime que estoy soñando.

—No estás soñando, pero esto sí es una pesadilla.°

**pesadilla** nightmare

1. ¿Quién tiene las últimas dos piezas de ajedrez?¿Dónde las tiene?
2. ¿Qué anuncio escuchan en la radio?
3. ¿Dónde están las piezas de ajedrez?
4. Antes de cenar, ¿adónde los lleva el Sr. Gamboa a Enrique y Javier?
5. ¿Cómo salen los dos muchachos para Medellín? ¿Por qué?

# 18  Por fin en Medellín

Después de esperar cuatro horas en la estación del pueblito oscuro, pasa el tren de ganado. Los pasajeros esperan más tiempo pero el tren no sigue el viaje. Enrique, Javier y tres hombres se bajan del tren para hablar con el conductor. ¡Pero ven que el conductor está dormido!

Todos los hombres gritan y echan piedras al lado del tren para despertar al conductor. Por fin el conductor pone el tren en marcha. Javier y Enrique vuelven a sus asientos y se duermen. Cuando se despiertan, es de mañana y el tren está parado muy alto en las montañas.

Un hombre entra y anuncia que más adelante el carril° está roto.° Dice que todos los pasajeros tienen que bajarse y subir a un tren que está a un kilómetro [1] de distancia.

carril  track
está roto  is broken

Nadie dice ni una palabra mientras bajan del tren. Javier ayuda a una señora que tiene la pierna rota. Enrique carga a un niñito que está dormido. Todas las personas ayudan a las otras a caminar por la montaña. Los trabajadores en el tren llevan las maletas y los paquetes al otro tren.

De repente, una señora delgada se desmaya. Pronto, dos hombres la cargan al otro tren. Cuando todos han subido, empiezan el viaje de nuevo.

Javier está tan cansado que no aprecia la vista hermosa de los Andes. Son las ocho de la mañana y han pasado veinte horas de viaje.

---

[1] In Latin America, the metric system is widely used and often confusing to tourists from the United States. A kilometer is roughly 6/10 of a mile. Also, temperature is measured in centigrade rather than Fahrenheit.

Cuando el tren se para en un pueblito de las montañas, muchos vendedores caminan a lo largo° del tren vendiendo refrescos y frutas. Un hombre compra naranjas para todos los pasajeros. En diez minutos, el tren se pone en marcha otra vez.

a lo largo from one end to another

Por fin, después de veinticinco horas de viaje, llegan a Medellín, la ciudad de las orquídeas.°

orquídeas orchids

Enrique y Javier bajan del tren, recogen las maletas y toman un taxi al apartamento del Sr. Gamboa Ruíz.

El taxi se para enfrente de un edificio moderno. Los dos muchachos bajan y le dan una propina° al taxista. Suben al cuarto piso y tocan a la puerta.

propina tip

Una muchacha de ocho años contesta.

—¿Está en casa tu mamá?— pregunta Javier.

—Sí, señor. Entre. Ella está en el balcón— contesta la niña y luego grita: —Mami, dos señores están aquí.

—Diles° que pasen adelante— responde la mamá.

Diles Tell them

Javier se mira en un espejo. Está muy sucio y sudado.

—¡Qué barbaridad! Parezco° un vagabundo°— murmura. La señora los saluda cordialmente.

Parezco I look like
vagabundo hobo

—Ustedes son Javier y Enrique, ¿verdad?— dice. —Me preocupé° cuando no llegaron ayer. ¿Qué les pasó?

Me preocupé I worried

Enrique explica todo el cuento del viaje por tren.

—¡Ay, pobrecitos!— exclama ella. —En este momento tengo que salir de compras.° ¿Por qué no se arreglan y descansan? El apartamento está a sus órdenes. Filomena la criada los ayudará° con cualquier cosa.

de compras shopping

los ayudará will help you

—Muchas gracias, Sra. Gamboa. Se lo agradecemos muchísimo— responde Javier.

—Regreso en seguida. Están en su casa°— dice ella y sale con las cuatro hijas.

Están en su casa Feel at home

—Sí— comenta Javier, —las personas que hemos conocido son muy amables.

1. ¿Por qué no continúa el viaje el conductor después de pasar el tren de ganado?
2. Cuando los muchachos se despiertan por la mañana, ¿por qué está parado el tren?
3. ¿Qué tienen que hacer los pasajeros?
4. ¿Cuántas horas viajan los pasajeros entre Bogotá y Medellín?
5. ¿Qué quiere decir: «están en su casa»?

# 19 De regreso

En el apartamento del Sr. Gamboa en Medellín, los
muchachos se bañan,° se cambian de ropa y descansan. se bañan they wash up
Cuando regresa la Sra. Gamboa, se sienten mejor.° se sienten mejor they feel better
Comen un almuerzo grandísimo de piña,° sopa, arroz piña pineapple
con coco,° verduras,° carne asada,° leche y luego un coco coconut verduras vegetables carne asada roast beef
pastel de frutas.

—Es un almuerzo delicioso— comenta Enrique mientras come su segundo pedazo de pastel.

—Me alegro— responde la señora. —Ahora les trai-
go° las piezas de ajedrez. Pasen al balcón y Filomena les traigo I'll bring you
les servirá un cafecito.

Los dos van al balcón y la Sra. Gamboa les da las dos
piezas de ajedrez y una carta. Javier lee la carta y dice:

—Hemos terminado nuestro viaje. Sólo tenemos que
hablar con el abogado de mi tío. Su oficina está en la
Ciudad de México. La dirección está en esta carta.—
Javier tiene una sonrisa grande en la cara.

Enrique da un suspiro de alegría y dice:

—¡Y las clases de la universidad empiezan pasado
mañana!° Terminamos el viaje en buen tiempo. pasado mañana day after tomorrow

—Sí, y tenemos todas las piezas de ajedrez: ocho
peones, dos torres, dos alfiles, dos caballos,° la reina° y caballos knights reina queen
el rey.° Todo lo que necesito para completar el juego y rey king
recibir mi herencia. Pero me parece que no podemos
regresar a Costa Rica. Debo escribir a Beatriz— comenta Javier suspirando.

La Sra. Gamboa sonríe y dice:

—Y, ahora pueden regresar a su querido México. Sé

que están cansados y por esa razón, tomé ° la libertad de **tomé** I took
reservar dos cupos para ustedes en el próximo vuelo a
México. El avión sale en dos horas, a las tres y media.

—Ah, muchísimas gracias, Sra. Gamboa. Le agra-
dezco mucho sus atenciones— dice Javier.

—De nada— responde ella. —Vamos al aeropuerto.

Enrique, Javier y la Sra. Gamboa bajan del ascensor y
suben al auto alemán de los Gamboa. Ella les muestra
la ciudad y les habla de los paisas o antioqueños. ° **paisas o antioqueños**
names for the people
—Son personas muy progresivas y saben mucho de who live in the department of Antioquia
los negocios. En realidad, las personas de Antioquia
tienen mucha fama ° de ser buenas para los negocios. **tienen mucha fama** are
well known for
Cada región de Colombia tiene su propia personalidad.
Los bogotanos ° tienen fama de ser fríos, los caleños, ° **bogotanos** people from
Bogotá
de ser alegres y los pastusos, ° de ser tontos.[1] **caleños** people from Cali
**pastusos** people from
Llegan al aeropuerto y se despiden de la Sra. Gam- Pasto
boa. Ella les da una pequeña orquídea de plata.

—Es un recuerdo de Colombia— dice ella. —Que
tengan un buen viaje. ° **Que...viaje** Have a good
trip
—Mil gracias, señora— dicen Javier y Enrique y
abordan al avión.

Como casi todos los asientos están ocupados, Javier y
Enrique no pueden sentarse juntos. Javier se sienta al
lado de un joven que tiene pelo largo y una barba.

Durante el viaje a México, Javier le cuenta al joven de
su viaje, de la herencia de su tío y de las piezas de
ajedrez. El muchacho muestra mucho interés en todo lo
que dice Javier.

—¿Y no puedes recibir la herencia si no tienes las
piezas de ajedrez y el diario?— le pregunta a Javier.

—No. Tengo que llevar todo al abogado— explica
Javier.

—¿Conoces bien al abogado?— pregunta el joven.

—No, nunca lo he visto ° pero sé que su oficina está **visto** seen
en la Ciudad de México— responde Javier y le muestra
las piezas de ajedrez que tiene en una caja especial.

En este momento, el avión aterriza en el aeropuerto

---

[1] **Every country in Latin America has regional differences, much like the United States.
Each region may have its own «personality,» dances, music, sayings, dishes, etc. It's always a
mistake to think of Colombians, Mexicans or Argentinians as the same throughout their res-
pective countries.**

de México, D. F. Después de bajarse del avión, los
pasajeros pasan por la aduana.

Primero, Javier abre su maleta. Después abre la caja.
No nota que el joven no ha quitado° los ojos de la caja ***no ha quitado*** has not ta-
por un instante.                                                                              ken

1. ¿Qué comen los muchachos de almuerzo?
2. ¿Cómo son los antioqueños?
3. ¿Por qué no se sientan juntos en el avión Enrique y Javier?
4. ¿Cómo es el muchacho con quien habla Javier?
5. ¿Qué nota Javier cuando pasa por la aduana?

# 20 La herencia

Después de pasar por la aduana, Enrique y Javier, seguidos° por el joven de pelo largo, van hacia un puesto de taxis. El joven los alcanza y les pregunta:

—Como yo también voy al centro, ¿puedo ir en el mismo taxi que ustedes?

—Sí, cómo no— dice Javier.

Mientras esperan al taxi, dos hombres empiezan a pelear sobre cuál vio un taxi primero. Javier pone su maleta y la caja en el suelo para observar la pelea. Por fin, cuando un guardia logra separar a los dos hombres, Javier comenta al joven:

—Hubiera sido° más fácil compartir° un taxi como nosotros lo hacemos, ¿verdad?

Pero no está el joven. ¡Y tampoco está la caja!

—Mira— exclama Enrique, —está allá corriendo hacia el estacionamiento.

—¡Deténganlo!° ¡Deténganlo!— grita Javier a unos policías parados en la puerta del aeropuerto. Enrique y Javier corren detrás del joven, y detrás de ellos los policías.

El joven mira hacia atrás y corre al estacionamiento de autos. Sube a un auto viejo y trata de ponerlo en marcha pero no puede arrancar el motor.

Los muchachos y los policías se acercan rápidamente. El joven salta del auto y corre como un loco.

—¡Ladrón! ¡Ladrón!— grita Javier. —¡Deténganlo!

El joven brinca° a un camión° que está saliendo del aeropuerto. Enrique y Javier corren más y más rápido

**seguidos** followed

**Hubiera sido** It would have been
**compartir** to share

**¡Deténganlo!** Stop him!

**brinca** jumps
**camión** bus (Mexico)

hasta alcanzar al camión. Con un gran salto, Javier sube al autobús.

Pero el joven lo ve subir y sale rápido por la puerta de atrás. Enrique lo persigue y cuando se acerca lo suficiente, da un gran salto y lo agarra por las rodillas. Ambos se caen al suelo.

El ladrón se para y da un golpe fuerte a Enrique. Los dos pelean ferozmente. Cuando ve acercarse a Javier, trata de escapar. Y, otra vez, Enrique salta y lo coge por los hombros.° **hombros** shoulders

Al caer, el joven recibe un golpe en la nariz y empieza a sangrar.° **sangrar** to bleed

Por fin, llegan Javier y los policías. La cara del ladrón está llena de sangre.

—¡Me rompí° la nariz!— exclama él y trata de golpear a Enrique. Pero los policías lo detienen. **¡Me rompí...!** I broke...!

—Gracias, Enrique— dice Javier. Respira profundamente. —¿Dónde aprendiste° a saltar así? **aprendiste** did you learn

—Ya ves— responde Enrique, —tú siempre me has dicho° que no vale la pena° jugar al futbol americano. [1] **tú... dicho** you have always told me / **vale la pena** worth it

—Es cierto. Nunca vuelvo a criticar el futbol americano. ¡Jamás!— comenta Javier. Todos vuelven al aeropuerto. Los policías encuentran las piezas de ajedrez y el diario en la maleta del joven.

—Gracias a Dios— dice Javier. —Dos de las piezas están rotas, pero las puedo arreglar.

Después de hablar con los policías, Enrique y Javier regresan al puesto de taxis. Una viejita les había guardado las maletas. Los dos muchachos le dan las gracias.

—Menos mal que cogiste° al ladrón— dice Javier de camino a la oficina del abogado. —¡Imagínate si después de un viaje tan largo, no pudiera° recibir mi herencia! **cogiste** you caught / **no pudiera** I couldn't

—No sería en balde.° Ya conocemos casi todos los países de Centro y Sud América además de Puerto Rico y la República Dominicana— dice Enrique. **en balde** in vain

Los dos entran en la oficina del abogado en el centro de la Ciudad de México. Tienen sus maletas, la caja con las piezas de ajedrez y el diario.

---

[1] *Futbol americano* refers to the football played in the United States, whereas *futbol* refers to soccer.

El abogado los mira con una sonrisa en la cara. Dice:

—Nuestros viajeros han regresado.

—Sí, señor— dice Javier. —Y, gracias a Enrique y a los policías, tengo todo aquí.— Abre la caja con las piezas de ónix negro y le muestra el diario.

El abogado sonríe y dice:

—Y, ahora, les cuento un secreto. Cuando murió tu tío Augusto, no era tan rico como todos pensaban. Cada centavo que tenía, lo ahorró para tu viaje. Te dijimos° que ibas° a recibir más dinero sólo para convencerte de que hicieras el viaje. Es decir, ya recibiste° la herencia — un viaje por la América de habla española.

Enrique mira a Javier. Javier mira a Enrique. Se sientan en un sofá y empiezan a reír a carcajadas.°

—¡Qué suerte tenemos!— exclama Javier. —¡Y qué herencia! Bueno, Enrique. Ya que tengo un juego completo de ajedrez, ¿qué tal si te enseño a jugar?

—Muy buena idea. Vámonos.

**Te dijimos** We told you

**ibas** you were going

**ya recibiste** you already received

**reír a carcajadas** to laugh out loud

1. ¿Qué les pregunta el joven a Enrique y Javier?
2. ¿Qué grita Javier a los policías en la puerta?
3. ¿Adónde corre el ladrón primero?
4. ¿Cómo es la pelea entre Enrique y el joven de pelo largo?
5. ¿Qué es la herencia de Javier?

# VOCABULARY

The Master Spanish-English Vocabulary presented here represents the vocabulary as it is used in the context of this book.

The nouns are given in their singular form followed by their definite article only if they do not end in -o or -a. Adjectives are presented in their masculine singular form followed by -a. The verbs are given in their infinitive form followed by the reflexive pronoun -se if it is required, by the stem-change (ie), (ue), (i), by the orthographic change (c), (zc), by *IR* to indicate an irregular verb and by the preposition which follows the infinitive.

## A

**a** to
  **a pesar de** in spite of
  **a ver** let's see
**abogado** lawyer
**abordar** to board, get on
**abrazo** hug
**abrir** to open
**abrochar** to fasten
**aburrido, -a** boring
**aburrirse (de)** to tire; be bored (of)
**acá** here
**acabar de** to have just
**acaso** chance
  **por si acaso** in case
**acercarse (a) (qu)** to come near (to), approach
**acordarse (de) (ue)** to remember
**acostarse (ue)** to go to bed
**acostumbrarse (a)** to be accustomed to, used to
**acuario** aquarium
**acuerdo** resolution, determination
  **de acuerdo** in agreement
**adelante** ahead, forward
**adentro** inside
**adivinar** to guess
**¿adónde?** where?
**aduana** customs, customhouse
**aeropuerto** airport
**afectar** to affect
**aficionado, -a** fan
**afortunado, -a** fortunate
**afuera** outside

**agarrar** to grab, grasp
**agradable** pleasant
**agradecer (zc)** to thank, show gratitude
**ahora** now
**ahorrar** to save
**ajedrez, el** chess
**alcanzar (c)** to come up to, reach
**alegrarse (de)** to cheer up, be glad
**alemán, -a** German
**alfil, el** bishop (in game of chess)
**algo** something
**alguien** someone
**aliento** breath
**alivio** relief
**almorzar (ue) (c)** to eat lunch
**almuerzo** lunch
**alquilar** to rent
**alrededor** around
**altitud, la** altitude
**alto, -a** tall; high
**altura** height
**allí** there
**amable** friendly, kind
**amante, el, la** lover, sweetheart
**amarillo, -a** yellow
**ambos, -as** both
**amenazar (c)** to threaten
**amigo, -a** friend
**amistad, la** friendship
  **hacer amistad** to become friends
**amor, el** love
**anaranjado, -a** orange
**andar *IR*** to walk
  **ándele, ándale** a familiar phrase used to spur someone on; get moving

62

anillo  ring
animado, -a  lively, animated
animar  to cheer up
ansiosamente  anxiously
antes  before
antiguo, -a  old
antropología  anthropology
anuncio  announcement
apagar (gu)  to put out; turn off
apartamento  apartment
apellido  last name
apenas  barely
apreciar  to appreciate
apresurarse  to make haste, hurry up
apretar (ie)  to push, press down
apuntar  to point, aim
aquel, -la; -los, -las  that; those
aquí  here
árbol, el  tree
arbusto  bush
argentino, -a  Argentine
arqueólogo  archaeologist
arrancar (qu)  to start
arreglar  to fix
arreglarse  to get ready
arreglo  arrangement
arriba  above, up
arroz, el  rice
arrugado, -a  wrinkled
artesanía  handicrafts
asar  to roast
asegurar  to assure
ascensor, el  elevator
asistir (a)  to attend
asomarse (a)  to look out (of)
asombrado, -a  amazed, astonished
asustado, -a  scared, frightened
a sus órdenes  at your service
asustar  to frighten
atar  to tie
aterrizar (c)  to land
aun  even, including
aún  yet, as yet, still
aunque  even though, though
auricular, el  earphone
avión, el  plane
avisar  to advise, warn
aviso  sign
ayer  yesterday

ayudar  to help
azúcar, el  sugar
azul  blue


B


bailar  to dance
bajo  under
bajo, -a  short; low
balcón, el  balcony
balde, el  bucket
  en balde  in vain
banca  bench
banco  bank
bandera  flag
bañarse  to bathe
barba  beard
barco  ship
  barco de carga  cargo ship
basar  to base
bebida  drink
beisbol, el  baseball
beso  kiss
biblioteca  library
bien  well
bienvenido, -a  welcome
blanco, -a  white
boleto  ticket
boliviano, -a  Bolivian
bolsa  pocket; purse
bolsillo  pocket
bondad, la  kindness
borde, el  border; edge
bosque, el  forest
bostezar (c)  to yawn
bravo, -a  rude
brazo  arm
brillar  to shine, sparkle
brincar (qu)  to jump
broma  joke
brusco, -a  brusque (brusk)
bueno, -a  good
burlarse (de)  to make fun (of)
burlón, -a  bantering; mocking
busca  search
  en busca  in search
buscar (qu)  to look for

# C

caballo  horse; knight (in a chess game)
cabeza  head
cablegrama, el  telegram
cada  each
caer *IR*  to fall
  dejar caer  to drop
café, el  coffee
caída de agua  waterfall
caja  box
  caja fuerte  safe
calcetín, el  sock
calor, el  heat
calvo, -a  bald
callarse  to be quiet, hush up
calle, la  street, road
cambiar  to change
cambio  change
caminar  to walk
camión, el  truck; bus (Mexico)
camisa  shirt
campamento  camp
campeonato  championship
campo  field; country
canción, la  song
cano, -a  gray
  pelo cano  gray hair
cansado, -a  tired
cansarse  to tire (oneself)
cantante, el, la  singer
cántaro  pitcher
  llover a cántaros  to rain cats and dogs
cara  face
¡caramba!  good grief!, darn!
¡caray!  ha!, good grief!
cárcel, la  jail
cargar (gu)  to carry
cariño  affection
carnaval, el  carnival, festival
carne, la  meat
carretera  highway
carta  letter
casa  house
casi  almost
caso  case, event
  en todo caso  at any rate, in any case

catedral, la  cathedral
catre, el  cot
cautividad, la  captivity
caza  hunt
cazador, el  hunter
cazar (c)  to hunt
cena  dinner
cenar  to dine
ceniza  ash
cerca (de)  near
cercano, -a  nearby
cerrar (ie)  to close
ciego, -a  blind
cien, ciento  one hundred
cierto  certain, sure
cinco  five
cinturón, el  seatbelt; waist
cita  appointment
claro  of course
clima, el  climate
cocina  kitchen
coco  coconut
coche, el  coach; car
codo  elbow
coger (j)  to catch, grasp, seize
cola  tail
colgar (ue) (gu)  to hang
colombiano, -a  Colombian
comedor, el  dining room
comentar  to comment
comer  to eat
como  like, as; since
¿cómo?  how?, what?
  cómo no  of course
compañero, -a  companion
compartimiento del piloto  cockpit
compartir  to share
completar  to complete, finish
comprar  to buy
comprender  to understand
con  with
confianza  confidence
confundir  to confuse
conmigo  with me
conocer (zc)  to know
conocido, -a  known
conseguir *IR*  to obtain
contar (ue)  to tell; count
contestar  to answer

contigo  with you
continuar  to continue
convencer (z)  to convince
copa  cup
cordialmente  in a friendly manner
coro  chorus
corto, -a  short
cosa  thing
costar (ue)  to cost
costumbre, la  custom
crecer (zc)  to grow
criada  maid
criticar (qu)  to criticize
cruzar (c)  to cross
cuaderno  notebook
cuadra  block
cuadro  picture
cual  which
¿cuál?  which?
cualquier  whichever
cuando  when
¿cuánto, -a, -os, -as?  how much?,
  how many?
cuarenta  forty
cuarto  room
cuarto, -a  fourth
cubierto, -a  covered
cuello  neck
cuenta  bill
  a fin de cuentas  after all
cuerda  rope
cuerpo  body
cueva  cave
cuidado  care, careful
culebra  snake
culebrear  to slither
culpable  guilty
cultivar  to grow, cultivate
cupo  space
curiosidad  curiosity

CH

chaqueta  jacket
chico, -a  little
  chiquito, -a  very little
chiste, el  joke
  ni de chiste  not on your life, no way
chistoso, -a  funny

¡chitón!  shhh!
chocar (qu)  to collide, hit
chofer, el  driver

D

dar IR  to give
  dar gracias  to thank
  dar una vuelta  to take a walk, stroll
  dar un paseo  to take a walk, stroll
de  of; from
  de nuevo  again
debajo de  underneath
deber  to ought
débil  weak
decidir  to decide
decir IR  to say, tell
dedo  finger; toe
dejar  to leave; allow
  dejar caer  to drop
  dejar en testamento  to leave in a
  will
delgado, -a  thin
delicioso, -a  delicious
demás  rest
  los demás  the others
demasiado, -a  too much
deporte, el  sport
derecha  right
derecho  law; straight
de repente  suddenly
desaparecer (zc)  to disappear
desatar  to untie
desayunarse  to eat breakfast
desayuno  breakfast
descansar  to rest
descanso  rest
descortés  impolite, rude
describir  to describe
desear  to wish, want
deseo  wish, desire
desmayarse  to faint
despedida  farewell, parting
despedirse (i)  to take leave, say
  goodbye
despegarse (gu)  to take off
despertarse (ie)  to wake up
después  after
destreza  skill

destruir *IR* to destroy
desvío detour
detalle, el detail
detener *IR* to stop
detrás de behind
devorar to devour
día, el day
diablo devil
diabólico, -a diabolic, devilish
diario diary, journal
dibujar to draw, sketch
dicho saying
dieciséis sixteen
diente, el tooth
diferente different
dinero money
dirección, la address; direction
directorio telefónico telephone book
disco record
disculpa excuse
discutir to discuss
distintivo, -a distinctive
divertirse (ie) (i) to have fun
doblar to turn
dolor, el pain
dolorido sore
dormido, -a sleepy
dormir. (ue) (u) to sleep
dormirse (ue) (u) to fall asleep
dormitorio bedroom
dos two
droga drug
droguería drugstore
dudar to doubt
dueño, -a owner
dulce sweet
dulces, los candy
durante during, while
durar to last

### E

e and
echar to throw, throw out
edad, la age
edificio building
educado trained; brought up
  mal educado rude
el the
él he, him

eléctrico, -a electric
ella she, her
emoción, la emotion, excitement
emocionante exciting
empacar (qu) to pack
empezar (ie) (c) to begin
empujar to push
en in, on
  en seguida right away
encaje, el lace
encantador, -a charming, enchanting
encantar to charm
encima on, on top of
encontrar (ue) to find, meet
enemigo enemy
enfermo, -a sick, ill
enfrente opposite, in front
enojarse to become angry
enseñar to teach
entender (ie) to understand
entrar to enter
época age, era, time
equivocarse (qu) to make a mistake
esconderse to hide
escondido, -a hidden
escribir to write
escritorio desk
escuchar to listen
ese, esa; esos, esas that; those
esmeralda emerald
espalda back
espejo mirror
esperar to hope; wait
espíritu, el spirit
esposa wife
esquina corner
establecer (zc) to establish
estación, la station
estacionamiento parking lot
estacionar to park
estadounidense United States citizen
estante, el bookshelf
estaño tin
estar *IR* to be
  estar seguro (de) to be sure (of)
este, esta; estos, estas this; these
estirarse to stretch out
estrecho, -a narrow
estudiar to study

66

estudio  study
examen, el  test, exam
exclamar  to exclaim
éxito  success
    tener éxito  to be successful
expedición, la  expedition
explicar (qu)  to explain
explosión, la  explosion
explotar  to explode
extender (ie)  to extend
extranjero, -a  foreign

**F**

fabuloso, -a  fabulous
fácil  easy
faltar  to lack
feliz  happy
feroz  fierce
ferrocarril, el  railroad
fiel  faithful
filosofía  philosophy
fin, el  end
    a fin de cuentas  after all
    fin de semana  weekend
finca  farm, ranch
fino, -a  fine, refined
firmar  to sign
flaco, -a  skinny
fondo  bottom
francés, -a  French
fresco, -a  cool temperature, coolness
frío, -a  cold
fruta  fruit
fuego  fire
fuente, la  fountain
fuerte  strong
fuerza  strength
fumar  to smoke
futbol, el  football, soccer

**G**

gallina  hen
    piel de gallina  goosebumps
ganado  cattle
ganar  to win; to earn
gasto  expense

gente, la  people
gobierno  government
golpe, el  blow
gordo, -a  fat
gris  gray
gritar  to shout
grueso, -a  thick
guapo, -a  handsome
guardar  to guard, to watch over
guatemalteco, -a  Guatemalan
guía, el  guide, director
gustar  to be pleasing
gusto  pleasure, delight

**H**

haber IR  to have
habitación  room, bedroom
hacer IR  to make, do
    hace — años  — years ago
    hace frío  it's cold
    hace mucho tiempo  it's been a long
    time
    hacer caso de  to pay attention to
hacerse IR  to become
hacia  towards
hallar  to find, come across
hambre, el  hunger
hangar, el  hangar (airplane)
herencia  inheritance
herir (ie) (i)  to wound, hurt
heroína  heroin
herpetología  study of reptiles and
    amphibians
hija  daughter
hijo  son
hipnotizado, -a  hypnotized
historiador, el  historian
hoja  leaf; page
hombre, el  man
hombro  shoulder
hondo, -a  deep
honestidad, la  honesty
hormiguero  anteater
hoy  today
huelga  strike
    estar en huelga  to be on strike
huerta  orchard
hueso  bone

**humedad, la** humidity
**humilde** humble, modest

# I

**ida** departure
  **ida y vuelta** round trip
**idioma, el** language
**iglesia** church
**ignorar** to ignore
**imaginar(se)** to imagine
**implemento** tool
**importar** to be important; matter
**inconsciente** unconscious
**increíble** incredible
**ingeniero** engineer
**inglés, el** English
**inmóvil** motionless, immovable
**insistir** to insist
**instante, el** instant
**insultar** to insult
**internacional** international
**interrumpir** to interrupt
**investigador, el** researcher, detective
**investigar (gu)** to examine, study
**invitar** to invite
**inyectar** to inject
**ir** *IR* to go
**irse** *IR* to go away
**izquierda** left

# J

**jalar** to pull
**jamás** never
**jardín, el** garden
**jaula** cage
**joya** jewel
**juego** set; game
**jugar (ue) (gu)** to play
**jugo** juice
**junto** near, close to
**junto, -a** together

# K

**kilómetro** kilometer, .6 mile

# L

**la** the
**labio** lip
**lado** side
**ladrón, el** thief
**lago** lake
**lágrima** tear
**lámpara** lamp
**largo, -a** long
**lástima** pity, compassion
**le** him, her, you (indirect object)
**le, lo, la; les, los, las** you (s.); you (pl.)
**leche, la** milk
**leer** *IR* to read
**lejos** far
  **a lo lejos** at a distance
**lengua** language
**lentamente** slowly
**lente, el** lens
**levantarse** to get up
**leyenda** legend
**libertad, la** freedom
**libre** free
**libro** book
**limpiar** to clean
**listo, -a** ready, prompt, clever
  **estar listo** to be ready
  **ser listo** to be clever
**lo, la** him, her, it
**locura** madness, craziness
**locutor, el** radio announcer
**lograr** to accomplish, succeed in
**loro** parrot
**luego** soon, by and by
**lugar, el** place
**lujoso, -a** luxurious, elegant
**lupa** magnifying glass
**luz, la** light

# LL

**llanos** plains
**llanta** tire
**llave, la** key
**llegar (gu)** to arrive
**lleno, -a** full
**llevar** to carry, wear
**llorar** to cry

**llover (ue)**  to rain
  **llover a cántaros**  to rain cats and dogs

## M

**mal, el**  evil, bad
**maleta**  suitcase
**malo, -a**  bad
**mandar**  to send
**manejar**  to drive
**mano, la**  hand
**manso, -a**  gentle
**mañana**  morning; tomorrow
**máquina**  machine
**mar, el**  sea
**marcar (qu)**  to dial
**marcha**  march
  **poner en marcha**  to start
**matar**  to kill
**maya**  Mayan
**me**  me
**medalla**  medal
**mediodía**  noon, midday
**mejilla**  cheek
**mejor**  better
**menos**  less
**mercado**  market
**mero, -a**  mere
**mes, el**  month
**meter**  to put in
**mezcla**  mixture
**mientras (que)**  while, as
**mil**  thousand
**milagro**  miracle
**minería**  mining
**minero**  miner
**mío**  my, mine
**mirar**  to look, look at
**mitad, la**  half
**modistería**  dressmaker's shop
**molestar**  to bother, annoy
**montar (a)**  to mount, ride
**morder (ue)**  to bite
**moreno, -a**  brown, dark
**morir (ue) (u)**  to die
**mostrar (ue)**  to show
**mover (ue)**  to move (something)
**moverse (ue)**  to move (oneself)

**movimiento**  movement
**moza**  stewardess, waitress
**muchacha**  girl, young person
**muchacho**  boy, young person
**mudarse**  to move
**muerte, la**  death
**mundo**  world
**muñeca**  wrist
**murmurar**  to murmur
**músculo**  muscle
**museo**  museum
**muy**  very

## N

**nacer (zc)**  to be born
**nada**  nothing
**nadar**  to swim
**nadie**  no one, nobody
**naranja**  orange
**nariz, la**  nose
**natación, la**  swimming
**naturaleza**  nature
**necesitar**  to need
**negocio**  business
**negro, -a**  black
**nervioso, -a**  nervous
**ninguno, -a**  none
**nivel, el**  level
**nombre, el**  name
**nos**  us
**nosotros, -as**  we; us
**notar**  to note, notice
**noticia**  information, news
**novio, -a**  sweetheart, fiancé(e)
**nublado, -a**  cloudy
**nuestro, -a**  our
**nuevo, -a**  new
  **de nuevo**  again
**número**  number

## O

**occidental**  western
**ocupado, -a**  busy
**ocurrir**  to occur, happen
**ocho**  eight
**oficina**  office
**ofrecer (zc)**  to offer

oír *IR*  to hear, listen
olvidarse **(de)**  to forget
onda  wave
  **onda corta**  shortwave
ónix, el  onyx
orden, el  order
  **a sus órdenes**  at your service
ordenar  to command
organización, la  organization
originar  to originate
orilla  shore
orquídea  orchid
oscuridad, la  darkness
oscuro, -a  dark
otro, -a  other, another
  **otra vez**  again

**P**

pájaro  bird
país, el  country, nation
paisaje, el  landscape
pálido, -a  pale
palmada  slap
palo  stick
pantalón, el  pants
papa  potato
paquete, el  package
para  for; towards; in order to
paraguayo, -a  Paraguayan
pararse  to stop, halt; to stand up
parecer **(zc)**  to seem
parecerse **(zc)**  to look like, resemble
parecido, -a  similar
pared, la  wall
pariente, el  relative
participar  to participate
particular  private, individual
pasado, -a  past
pasajero  passenger
pasar  to pass, spend, happen
pasatiempo  pastime
pasta  paste
  **pasta de dientes**  toothpaste
pastel, el  pie, cake, pastry
pavimentado, -a  paved
pavimento  pavement
pecho  chest
pedazo  piece

pedir **(i)**  to ask for
pelear  to fight
peligro  danger
peligroso, -a  dangerous
pelo  hair
penetrar  to penetrate
pensamiento  thought
pensar **(ie)**  to think
pensativo, -a  pensive
peón, el  pawn in game of chess
pequeño, -a  little, small
perder **(ie)**  to lose
perdón, el  forgiveness, pardon
perdonar  to forgive
periódico  newspaper
permiso  permission
  **con permiso**  excuse me
permitir  to allow, permit
pero  but
perseguir *IR*  to pursue
pesadilla  nightmare
pesar, el  grief, regret
  **a pesar de**  in spite of
pez, la  fish
pie, el  foot
piedra  rock, stone
piel, la  skin, complexion
  **piel de gallina**  goosebumps
pierna  leg
pieza  piece
pilotear  to pilot
piloto  pilot
  **compartimiento del piloto**  cockpit
piña  pineapple
piso  floor
pista  runway
planetario  planetarium
plata  silver; money
plátano  plantain (a form of banana
  edible only when cooked)
platicar **(qu)**  to chat
plato  dish, bowl
pluma  pen, feather
poco, -a  little, limited, few
poder **(ue) (u)**  to be able to
poner *IR*  to place, put
  **poner en marcha**  to start
**pone de puntillas**  stands on tiptoes
ponerse *IR*  to put on; become

70

**por** by, on behalf of, through
  **por fin** finally
  **por si acaso** just in case
**porque** because
**¿por qué?** why?
**portarse** to behave oneself
**porteño, -a** name for resident of Buenos Aires (Arg.)
**precioso, -a** precious, valuable
**preferir (ie) (i)** to prefer
**preguntar** to ask
**prender** to turn on
**preocuparse (de)** to worry (about)
**presentar** to present
**primero, -a** first
**prisa** hurry
  **de prisa** in a hurry
**probar (ue)** to test, try on, prove
**profundamente** deeply
**prohibir** to forbid, prohibit
**prometer** to promise
**pronto** soon
**propina** tip
**propio, -a** own
**propósito** purpose
  **a propósito** by the way, on purpose
**proteger (j)** to protect
**puerta** door
**puerto** port
**pues** then, since; well, well then
**puesto** stand

## Q

**que** that, who, which, what
**¿qué?** what?
**quedar** to be left, be located
**quedarse** to stay, remain
**querer IR** to want, wish, love
  **querer decir** to mean
**querido, -a** dear
**queso** cheese
**quien** who, which
**¿quién?** who?
**quince** fifteen
**quitar** to remove, take off
**quizá, quizás** perhaps, maybe

## R

**rabia** rage, fury
**rama** branch
**ramo** bouquet
**rapido** fast, rapid
**raro, -a** strange, rare
**rasgarse (gu)** to scratch
**rato** short time; little while
**ratón, el** mouse
**razón, la** reason
  **tener razón** to be right
**recibir** to receive
**recoger (j)** to pick up, gather
**reconocer (zc)** to recognize
**recordar (ue)** to remember
**recuerdo** memory, remembrance
**recuperar** to regain, recuperate
**redondo, -a** round
**refresco** refreshment, cooling drink
**regalo** gift
**regresar** to return
**reina** queen in chess game
**reír IR** to laugh
  **reír a carcajadas** to laugh loudly
**reírse IR** to laugh at
**reloj, el** clock, watch
**reparación, la** repair
**repentinamente** suddenly
**repetir (i)** to repeat
**resbalarse** to slip
**resonante** resounding
**respetar** to respect
**respirar** to breathe
**responder** to answer
**restos** remains
**reunirse** to meet
**reventar (ie)** to burst, blow out
**revista** magazine
**revolucionario, -a** revolutionary
**rey, el** king in game of chess
**rincón, el** corner
**rinoceronte, el** rhinoceros
**robar** to steal
**rodilla** knee
**rojo, -a** red
**romperse** to fracture, break
**ropa** clothing
**roto, -a** broken

rubio, -a  blond
rueda  wheel
ruido  noise
ruta  route

## S

saber *IR*  to know
sabiduría  wisdom
sabroso, -a  delicious; delightful
sacar (qu)  to take out, bring out
  sacar fotografías  to take pictures
sal, la  salt
salchicha  sausage
salir *IR*  to leave
saltar  to jump
salteador, el  hijacker
saludar  to greet
salvar  to save
sandalia  sandal
sangrar  to bleed
sangre, la  blood
secreto, -a  secret
seguida  following
  en seguida  right away
seguir *IR*  to follow
segundo, -a  second
seis  six
selva  jungle
semana  week
  fin de semana  weekend
semejante  similar, like
senda  trail, path
sentarse (ie)  to sit down
sentir (ie) (i)  to feel
  lo siento mucho  I'm very sorry
sentirse (ie) (i)  to feel (well, bad, sad, etc.)
señal la  signal
señalar  to signal
ser *IR*  to be
serpentino, -a  winding
servir (i)  to serve
si  if
siguiente  following
silbar  to whistle
silbido  whistle
silla  chair

simbolizar (c)  to symbolize
simpático, -a  nice
sin  without
  sin embargo  however, nevertheless
sino  but, except
sobre, el  envelope
sobre  over; about; on
sobresalto  somersault
sobrino  nephew
sol, el  sun
soltar (ue)  to let go
  soltar la risa  to burst out laughing
sombra  shade
sombrero  hat
sonreír *IR*  to smile
sonrisa  smile
sonrojarse  to blush
sopa  soup
sorprender  to surprise
sospechar  to suspect
su, sus  his, her, its, their
suave  soft
suceso  event, happening
sucio, -a  dirty
sudado, -a  sweaty
sudor, el  sweat
suelo  floor; ground
sueño  dream
suero  serum
suerte, la  luck
suéter, el  sweater
sugerir (ie) (i)  to suggest
suspirar  to sigh
suspiro  sigh
susto  fright

## T

tamaño  size
también  too, also
tampoco  neither, not either
tan  so, so much, as much
  tan...como  as...as
tanto, -a  so much, as much
  tanto...como  as much...as
tarde, la  afternoon
tarde  late
taza  cup

te you
té, el tea
tela cloth, material
tema, el subject, theme
temblar (ie) to tremble
temprano, -a early
tener *IR* to have
   tener fama to be known for
   tener ganas (de) to want (to)
   tener hambre to be hungry
   tener que to have to
   tener razón to be right
   tener sueño to be sleepy
teniente, el lieutenant
tercero, -a third
terciopelo velvet
terminar to end, finish
terremoto earthquake
testigo witness
tienda tent; store
tierra earth, land
timbrar to ring
tío uncle
típico, -a typical
tirado, -a strewn, thrown
tiro shot
tocar (qu) to touch
   tocar a la puerta to knock
todavía still, yet
todo, -a all
tomar to take; drink
tonto, -a stupid
torre, la castle or rook at chess
tos, la cough
trabajador, el worker
trabajo work
traer *IR* to bring
trago swallow
tranquilo -a quiet, tranquil
tratar to try
treinta thirty
tren, el train
tres three
triste sad
tristeza sadness
tú you
tu your
tumba tomb
turista, el tourist

## U

último, -a last
un, una a, an
único, -a only
uniforme, el uniform
universitario, -a university student
unos, unas some
usted, ustedes you

## V

vacación, la vacation
   de vacaciones on vacation
vacío, -a empty
vagabundo hobo, vagabond
valer *IR* to be worth
   valer la pena to be worthwhile
valor, el worth
valle, el valley
varios, -as various
vaso glass
vecino, -a neighbor
veinte twenty
veinticinco twenty-five
vela candle
velero sailboat
vendedor, el salesman
vender to sell
veneno poison
venenoso, -a poisonous
venir *IR* to come
ventana window
ventanilla small window
ver to see
   a ver let's see
verano summer
verdadero, -a real, true
verde green
verdura vegetable
vestido dress
vestirse (i) to dress, get dressed
vez, la time
viajar to travel
viaje, el trip
viajero traveler
víbora snake
vida life

viento  wind
vigilar  to watch over
vino  wine
vista  view, sight
vivir  to live
vivo, -a  alive, lively
volar (ue)  to fly
volcán, el  volcano
volver (ue)  to return
  volver a —  to — again
  volver en sí  to come to
voz, la  voice
  en voz alta  out loud
vuelo  flight

vuelta  turn
  ida y vuelta  round trip

**Y**

y  and
ya  already; finally, now
yegua  mare
yo  I

**Z**

zigzaguear  to zigzag

# NTC SPANISH TEXTS AND MATERIALS

**Computer Software**
Basic Vocabulary Builder on Computer
Amigo: Vocabulary Software

**Videocassette, Activity Book,
 and Instructor's Manual**
VideoPasaporte Español

**Graded Readers**
Diálogos simpáticos
Cuentitos simpáticos
Cuentos simpáticos
Beginner's Spanish Reader
Easy Spanish Reader

**Workbooks**
Así escribimos
Ya escribimos
¡A escribir!
Composiciones ilustradas
Spanish Verb Drills

**Exploratory Language Books**
Spanish for Beginners
Let's Learn Spanish Picture Dictionary
Spanish Picture Dictionary
Getting Started in Spanish
Just Enough Spanish

**Conversation Books**
¡Empecemos a charlar!
Basic Spanish Conversation
Everyday Conversations in Spanish

**Manual and Audiocassette**
How to Pronounce Spanish Correctly

**Text and Audiocassette Learning
 Packages**
Just Listen 'n Learn Spanish
Just Listen 'n Learn Spanish Plus
Practice and Improve Your Spanish
Practice and Improve Your Spanish
 Plus

**High-Interest Readers**
Sr. Pepino Series
  La momia desaparece
  La casa embrujada
  El secuestro

**Journeys to Adventure Series**
  Un verano misterioso
  La herencia
  El ojo de agua
  El enredo
  El jaguar curioso

**Humor in Spanish and English**
Spanish à la Cartoon

**Puzzle and Word Game Books**
Easy Spanish Crossword Puzzles
Easy Spanish Word Games & Puzzles
Easy Spanish Vocabulary Puzzles

**Transparencies**
Everyday Situations in Spanish

**Black-line Masters**
Spanish Verbs and Vocabulary Bingo Games
Spanish Crossword Puzzles
Spanish Culture Puzzles
Spanish Word Games
Spanish Vocabulary Puzzles

**Handbooks and Reference Books**
Complete Handbook of Spanish Verbs
Spanish Verbs and Essentials of Grammar
Nice 'n Easy Spanish Grammar
Tratado de ortografía razonada
Redacte mejor comercialmente
Guide to Correspondence in Spanish
Guide to Spanish Idioms

**Dictionaries**
Vox Modern Spanish and English Dictionary
Vox New College Spanish and English Dictionary
Vox Compact Spanish and English Dictionary
Vox Everyday Spanish and English Dictionary
Vox Traveler's Spanish and English Dictionary
Vox Super-Mini Spanish and English Dictionary
Cervantes-Walls Spanish and English Dictionary

For further information or a current catalog, write:
National Textbook Company
a division of *NTC Publishing Group*
4255 West Touhy Avenue
Lincolnwood, Illinois 60646-1975 U.S.A.